미운 부모
예쁜 아이

미운 부모
예쁜 아이

김이주 지음

스토리하우스

목차

어린이집을 떠나며

사범대학을 졸업한 지 어언 44년.

중고등학교 교사와 서울시 교육청 산하 교육원을 거쳐 유아교육
과와 보육학과에서 강의를 하던 나는 친구의 권유로 국공립어린이
집 원장이 되었다. 유치원이나 어린이집에서 교사 생활을 해본 적
이 없는 나는 한동안 어린이집 원장들에게 굴러온 돌 취급을 받았
다. 1994년 43살이라는 젊지도 늙지도 않은 나이에 주위의 반대
를 무릅쓰고 국공립어린이집 원장이 되었고, 우여곡절 끝에 정년
을 맞이하게 되었다.

우리나라 역사상 가장 더웠다는 1994년 8월 1일.

정원 64명, 현원 38명, 통장 잔고 0원인 어린이집에서 32명의
8월 보육료를 받아서 살림을 시작했다. 모든 것을 수기로 작성하던

시절, 친절한 구청 공무원은 6개월간 보조금을 직접 신청해 줬고 교사와 학부모가 낸 민원을 보여 주며 잘 부탁한다고 민원 없게 운영해 달라고 몇 번이나 강조했다. 전임 원장이 뽑아 놓고 간 교사가 처음 면담 때 했던 이야기는 지금도 정확히 기억한다. "원장님도 일 년 정도 하시면 변하실 거예요."라고 했던가? 비는 주룩주룩 새고 놀이터도 마당도 없는 동사무소를 개조해 만든 어린이집에서 그렇게 5년을 아이들과 고군분투했다.

건축가이신 친정아버지께서 1980년대 조립식 철제로 전국에 어린이집 전신인 새마을 유아원을 지으셨다는 것을 알게 된 뒤 내가 어린이집 원장이 된 건 운명이라고까지 생각했다. 월급은 형편없이 적고 내가 생각했던 것보다 국공립어린이집 원장이란 지위가 보잘 것없었지만 큰 문제가 되지 않았다. 아이, 부모, 교사와 정말 좋은 어린이집에서 함께하고 싶었는데 국공립 원장인 내 힘으로는 해결할 수 없는 가장 기본적인 시설 환경에 나는 절망하고 말았다. 그래서 우연히 어린이집을 방문한 구청장님께 "이제 어린이집 원장을 그만해야 할 것 같다. 교육자로서 이런 환경에서 아이들을 살게 하는 건 죄짓는 마음이 들어 괴롭다. 이 어린이집은 폐원하는 것이 맞다."라고 뜻을 전했다.

2000년 1월, 오래된 가정집을 개조한 작지만 마당이 있는 아름다운 지금의 어린이집으로 옮겨 왔다. 마당에는 40년이 넘은 목련부터 내가 와서 심기 시작한 산수유, 라일락, 모란, 장미, 찔래 등 70여 가지의 나무와 야생화로 아이들은 특별히 수목원에 가지 않아도 꽃 속에서 살 수 있다. 대한민국에서 국공립 어린이집 원장의 정체는 아주 모호하다. "교육자인가? 공무원인가? 사업가인가? 민간인인가?" 분명히 국가로부터 자격을 인정받은 교육자인데 부모와 교사, 공무원들 사이에서 막중한 책임과 의무를 강요받으며 많은 일을 하는 것을 보니 능력자인가 보다.

이 책은 아이를 어린이집에 보내고 있는 아들이 권해서 쓰게 되었다. 부모들은 어린이집 상황을 생각보다 잘 모르기 때문에 오해도 하고 협조에 소극적이니 친절하게 안내해 주면 좋을 것 같다고 해서 용기를 내게 되었다. 평상시 어린이집에서 본 부모들의 모습도 사실은 늘 동동거리며 아이를 어린이집에 보내는 아들 내외를 보듯 따뜻한 시선으로 쓰려고 노력했고, 그동안 강의했던 내용들도 정리했다. 부모와 아이들 이야기는 주변 어린이집 원장이나 교사들의 이야기를 참조했다.

어린이집에서 일어나는 일들을 공유함으로써 처음 어린이집에 아이를 보내는 부모들의 걱정과 두려움을 조금이라도 덜어주고, 아이와 부모, 교사가 함께 행복해지는 데 작게나마 보탬이 되길 소망한다.

하나, 7년 동안 어린이집에 다니는 나

나는 태어나서 백 일이 지나고 어린이집에 다니기 시작했다. 지금은 우리나라 나이로 7살이 되었으니 어린이집에서 첫째 언니인 셈이다. 대부분 월요일부터 금요일까지 정해진 시간에 일어나 등원해서 4살까지는 표준 보육 과정 5살부터는 누리 과정이라는 교육 과정을 선생님들과 수행하고 정해진 시간에 하원한다. 교육 과정이 있다는 것은 쉽게 이야기해서 교과서가 있다는 건데, 어린이집에 다니는 친구들은 너무 어리고 글을 읽을 줄도 쓸 줄도 모르니 선생님들과 놀면서 배우는 거란다. 어른들이 그러는데 전 세계에서 초등학교 입학 전에 이렇게 꽉 짜여진 교육 과정 속에서 생활하는 아이들은 우리나라밖에 없다고 한다.

어린이집에 가면 잠시도 내 마음대로 그냥 노는 시간이 없다. 잘 계획되고 짜여진 일과 속에서 선생님의 안내에 따라 친구들과 체계적으로 먹고 놀고 쉬고 잔다. 아침 6시에 일어나 준비해서 7시 40분 정도에 아빠와 함께 출발하면 8시 조금 넘어서 어린이집에 도착한다. 저녁에는 대부분 엄마가 데리러 오는데 7시가 넘지 않도록 노력하는 것 같다. 엄마 아빠 모두 바쁘신 날은 친할머니가 도와주시는데 조금 일찍 데리러 오셔서 선물 받는 날이란 느낌이 든다. 어린이집에 도착하거나 집에 갈 때는 꼭 인사를 해야 한다. 오늘은 기분이 별로 좋지 않아 안하고 싶은데 엄마는 머리를 꾹 누르고, 선생님은 두 손을 잡고 눈치를 준다. 가끔 만나는 할머니도 인사를 잘해야 한다고 볼 때마다 말씀하신다. 나는 좀 쑥스러워하는 편이라 인사하는 게 쉽지는 않다. 신발도 꼭 제자리에 정리해야 한다. 신발장에 붙어 있는 내 얼굴 사진이나 이름 위에 신발이 놓이면 안 되고 안으로 쑥 밀어 넣어야 칭찬받는다.

어린이집에서는 먹기 싫은 간식도 점심도 먹어야 한다. 물컹물컹한 계란찜은 정말 질색이다. 나물도 매일 한 가지씩 나온다. 오늘은 고무줄 같은 고사리가 나왔는데 옆에 있는 친구가 다 먹고 또 달라고 하니까 선생님이 활짝 웃으며 안아 주고 칭찬해 주신다. 나도 칭찬받고 싶어 억지로 다 먹고 선생님을 쳐다봤는데 토하는 친구 옆으로 가 버리셨다. 유아반에 온 뒤로는 아기 때처럼 선생님들이 잘 안아 주지 않는다. 친구들이 많아서 그런가 보다.

어린이집에 오면 내가 놀고 싶은 장난감도 오래 갖고 놀 수 없다. 옆에 친구가 자꾸 달랜다. 선생님은 징징거리고 떼쓰는 친구에게 자꾸 양보하라고 하신다.

"확 나도 울어 버릴까."

어린이집에는 '자유선택활동'이라는 시간이 있다. 자기가 놀고 싶은 영역에 이름표를 넣고 가서 노는데 동작이 느린 나는 오늘도 다른 친구들한테 가고 싶은 영역을 뺏기고 말았다. 선생님이 도와 줘서 함께 놀긴 했지만 자리가 좁다고 친구들이 엉덩이로 밀어내서 속상했다.

"내일은 제일 먼저 가야지."

낮잠 자는 시간이 왔다. 오늘은 왠지 자고 싶지 않다. 그래도 자야 한다. 낮잠을 자야 건강하고 키도 잘 큰다니 고민이다. 누워서 뒹굴뒹굴하다 잠깐 일어나 멀뚱멀뚱해 본다.

"아, 심심하다. 그냥 자자."

늦게 잠들어서 막상 일어나려니 기운이 없다.

"일찍 잘 걸."

한 살 한 살 나이를 먹으니 어린이집에서 할 것이 너무 많다. 체육도 해야 하고 장구도 치고 영어, 하모니카에 야외 숲 놀이까지 할 일이 너무 많다. 요즈음 생태 교육을 한다고 일주일에 한 번 정도는 공원이나 숲에 간다. 더울 때도 있고 추울 때도 있지만 밖에 나가면 바람이 살살 불고 따뜻한 햇볕이 내리쬐서 기분이 좋다. 힘들어도 건강하고 씩씩한 어린이가 되려면 밖에서 많이 놀아야 된다. 안에만 있으면 너무 답답하다.

오후 간식을 먹고 나면 친구들이 집에 가기 시작한다. 일찍 가는 친구들은 동네 놀이터에서 한바탕 더 놀고 간다.

"부럽다."

나는 엄마 아빠가 맞벌이라서 언제나 어린이집에 일찍 가고 늦게까지 남아 있게 된다. 나를 포함해서 3~4명이 항상 늦게까지 남아 있는데 매일 속으로 생각한다.

"나는 오늘도 꼴찌로 갈까?"
"아 다행이다. 엄마가 10분 일찍 오셨다."

친구들이 2명이나 남아 있다. 부러워하는 친구들에게 "안녕" 하고 신나게 엄마한테 뛰어간다. 늦게까지 남아 있는 날은 조금 배가 고프다.

"오후 간식을 좀 더 많이 먹을 걸."

슈퍼에 들러 과자를 사달라고 하면 엄마는 저녁 먹어야 하니 안된다고 하다가도 배가 고프다는 말에 망설이다가 군것질거리를 사주신다. 엄마가 저녁 준비를 하는 동안 피곤해서 잠시 졸다가 저녁을 먹으려니 아까 먹은 과자와 졸음 때문에 입맛이 별로 없다. 엄마는 "골고루 먹어야 하는데 이렇게 밥 안 먹으면 다시는 과자 안

사준다."라며 속상해하신다. 그래도 내가 배고프다고 하면 또 사 주실 거다.

내일 아침에 서두르지 않으려면 저녁에 머리도 감고 목욕도 깨끗하게 해야 한다. 공주놀이에 빠진 나는 머리도 길다. 아침마다 엄마와 머리 때문에 실랑이를 한다. 고무줄이 짱짱해서 아프다고 괜히 징징거리며 시간을 끈다. 엄마가 일찍 출근한 날은 아빠가 묶어주는데 어린이집에 도착하면 고무줄이 내려와 선생님이 새로 묶어주신다. 친할머니도 머리를 잘 못 묶는다. 딸을 안 키워봐서 못하신다며 자꾸 머리를 자르라고 하신다. 옷 때문에 속상할 때가 많다. 공주 옷을 입고 싶은데 길어서 안 된다, 얇아서 안 된다 하니 할머니가 사준 예쁜 드레스는 내년 생일 때까지 기다려야 할 것 같다.

"세상에 내 마음대로 되는 게 너무 없다."

오늘은 수요일! 아직 이틀이나 더 어린이집에 가야 한다. 어린이집에 가는 게 꼭 싫은 것은 아니지만 나도 점심만 먹고 일찍 집에 오고 싶을 때도 많다. 얼마 전에 엄마가 종무식인가 하고 4시쯤 데리러 온 적이 있었는데 정말 기분이 좋았다. 친구들과 선생님께 큰소리로 인사하고 나오는데 날아갈 것 같았다. 비록 병원에 들러 독감 예방 주사를 맞고 집으로 왔지만 행복한 날이었다. 주말이 되면 엄마 아빠가 나를 데리고 어디로 갈지 궁금하기도 하고 외출이 즐거울 때도 있지만, 나도 주말엔 푹 쉬고 싶다. 일주일 동안 어린이집이라는 직장에 열심히 다녔으니까 말이다.

둘. 선택의 여지없이 어린이집에 아이를 보낸 나

아이를 갖고 기뻐한 것도 잠깐 제일 먼저 한 일은 집 근처 국공립어린이집에 입소 대기 등록을 하는 일이었다. 혹시나 불안해서 집 근처 민간, 가정 어린이집까지 모두 신청하였다. 아이를 낳고 주위에선 1년이 안 되면 6개월이라도 휴직을 해야 하는 게 아니냐고 했지만 회사 분위기상 어림없는 일이다. 백일이 지난 아이를 유일하게 연락이 온 아파트 단지 안의 가정 어린이집에 보내기 시작했고, 어린이집에서 제일 어린 딸을 원장님과 선생님들은 정말 예뻐해 주셨다.

그때 알았다. 어린이집에서 연락이 오면 무슨 일이 생긴 것이라는 걸. 어린이집에 다닌 지 3개월쯤 되었을 때 아이가 다쳤다고 연락이 왔다. 마침 남편은 지방으로 출장을 갔고 시어머니에게 연락을 하고 종합병원 응급실로 갔다. 오후 6시부터 시작된 엑스레이, CT 촬영을 하고 마취가 겨우 깬 아이를 데리고 집에 오니 밤 11시가 넘었다. 당황해서 어쩔 줄 모르는 선생님이 안쓰럽기도 하고 다행히 검사 결과 별 탈이 없어서 그냥 지나갔지만 나는 지금도 그때 아이가 어떻게 다쳤는지 자세한 상황을 알지 못한다. 7개월 된 여자아이가 유모차에서 혼자 떨어졌다는 게 이해가 잘 되지 않았다. 선생님께서 좀 더 자세하게 상황을 설명해 주었으면 좋았겠다는 생각을 그때는 첫아이고 조심스러워 미처 하지 못했던 것 같다.

이사를 하게 되어 다른 가정 어린이집을 거쳐 민간 어린이집에서 5살까지 다녔다. 집과 가깝다는 이유만으로 5살 이후는 생각할 여유가 없었다지만 영아 전담 시설에서 어린이집을 옮길 때는 좀 더 신중했어야 했다. 어디에서도 연락이 오지 않았다. 맞벌이에 어린이집에 대한 나름대로 신뢰감이 있어 처음부터 유치원은 생각하지 않았는데 기다리는 것 외에는 별 방법이 없었다. 여기저기 수소문하던 중 집에서 두 정거장 떨어진 국공립어린이집에서 연락이 왔다.

아침엔 남편이 출근하는 방향이고 저녁엔 지하철에서 가까워 10분 정도 아이를 빨리 데려올 수 있는 위치였다. 기뻤다. 길거리에 위치했지만 실내는 넓고 선생님들은 열의가 넘쳐 보였다. 하지만 3월에 입소한 아이가 등원할 때마다 울먹이며 어린이집에 들어가지 않으려 했다. 그동안 불가피하게 어린이집을 두 번 옮겼지만 아이가 우는 것을 보니 어찌해야 좋을지 막막했다.

"나는 예쁜 어린이집에 가고 싶어"
"여기는 친구도 없고, 낮잠을 안 자서 너무 피곤하단 말이야."

이미 많이 커버린 이이는 어릴 때완 달리 바뀐 주변 환경에 예민하게 반응하며 처음으로 등원 거부까지는 아니지만 '등원 징징'을 시작했다.

"나는 참 부족한 부모구나."

이제까지 어린이집을 선택할 때 과연 아이의 입장을 생각해 본 적이 있는가? 늘 맞벌이하는 부모 입장에서 결정했던 것 같다.

출산 휴가를 마치고 복직할 때 오후 5시 30분으로 퇴근 시간을 당기는 조건으로 아침 출근 시간이 30분 빨라졌다. 최소한 아이가 어린이집에 혼자 남아 있게 하고 싶지 않았다. 다행히 아빠가 아침 등원을 도와 줄 수 있어 등원, 하원 역할이 나뉘어졌지만 누구 한 사람 출장이나 저녁 일정이 생기면 양쪽 할머니들이 동원될 수밖에 없다.

아이는 다행히 아기 때부터 건강하고 순한 편이다. 일찍 자고 오전 7시가 되기 전에 일어나는 새 나라의 어린이지만 점점 아침마다 먹는 거며 옷 입고 머리 빗는 걸로 실랑이를 하다 보면 지칠 수밖에 없다. 할머니들은 간단하게 머리를 자르라고 하시지만 딸 키우는 로망도 포기 못하니 자꾸 강요하시면 섭섭한 마음도 든다.

본의 아니게 어린이집을 여러 군데 다니다 보니 원장님이나 선생님의 얼굴, 가벼운 손길만 봐도 알 수 있는 것들이 많다. 아이가 워낙 늦게 하원하는 관계로 원장님이나 담임선생님을 만나는 건 거의 불가능하고 관찰기록지에 가끔 주고받는 내용이나 일 년에 두 번하는 상담이 유일하게 아이에 대해 심도 있게 이야기하는 시간이다. 그동안 담임선생님께서 한 번도 개별 면담을 요청하신 적이 없는걸 보면 아이에게 특별히 문제가 있는 것은 아닌 모양이다.

6살 때 어린이집을 옮기고 나서 1학기 면담이 시작되었다. 처음에 울면서 등원했던 아이를 떠올리자 상담에 대한 기대와 두려움이 함께 몰려왔다. 말로만 듣던 국공립은 뭔가 다를까? 선생님께서는 꼼꼼하게 상담을 준비하신 듯했다. 허나 기대와 달리 아이의 어린이집 일상생활을 동영상으로 보여 주실 때부터 가슴이 아프기 시작했다. 아이는 사진마다 웃지 않고 한쪽 구석에 서 있기만 했다. 어쩔 줄 모르고 어색한 웃음을 보이는 나에게 선생님은 결정타를 날리셨다. "어머니, 장애아 포함 저희 반 23명 중 이름을 쓸 줄 모르는 아이가 몇 명 있는데 누구는 부끄러워하지도 않아요." 아니 이게 무슨 소리인가. 제대로 대꾸도 못하고 상담을 마친 나는 오랫동안 분노하며 어쩔 줄을 몰라 했다.

아이는 11월 말 생으로 형제도 없다. 아직도 뽀로로, 콩순이를 좋아하고 대부분 아이들이 사달라고 조른다는 새로 나온 로봇 같은 것도 모른다.

"내가 너무 무심했던 건 아닐까."

교육자이신 친할머니는 오히려 요즘 아이들은 자극이 너무 많아 창의력이 떨어진다며 괜찮다고 위로하셨다. 한글도 미리 안 해도 된다며 신기하게도 아이들은 어느 날 갑자기 일어서고 걷듯이 읽고 쓰기도 한다고 하셨다. 상담 후에도 선생님에 대한 서운함이 쉽게 가셔지는 건 아니었다. 상담 후 이름을 가르쳐 주니 곧잘 썼다.

"진작 가르쳐 줄 걸 그랬나?"

우연히 전통 혼례 시연에서 신부로 뽑힌 뒤 놀라운 속도로 어린이집에 적응하는 아이를 보면서 서운함은 어느덧 눈 녹듯이 사라졌다. 분명 친구도 없이 힘들어하는 아이를 위한 원장님과 선생님의 배려라는 것을 나는 느낄 수 있었다. 7살이 된 아이는 너무 씩씩해져서 오히려 걱정이다. 걱정하던 한글도 자연스럽게 5월경부터 흥미를 느끼더니 쓰고 읽기 시작했다. 이제 끝말잇기 게임을 하면 곧잘 어른들을 이기기도 한다. 가끔 엄마가 너무 바쁘고 무심해서 아이를 잘 돌보지 못하는 건 아닌지 자책도 해보고 직장을 그만두고 아이와 더 많은 시간을 보내야 하는 건 아닌지 불안할 때도 많다.

"초등학교 3학년만 돼도 엄마 아빠랑 놀아 주지도 않는다는데."

아이가 꽤 큰 친구들을 만나면 내가 시대에 뒤떨어진 무능한 부모처럼 느껴질 때가 너무 많다. 초등학교 들어갈 때까지 실컷 놀아야 된다는 사람들, 지금부터 떨어지면 따라갈 수 없다는 사람들…… 이제 내년이면 초등학교에 들어가는데 두렵다. 허나 달라지는 건 아무것도 없다. 별 뾰족한 방법도 없다. 난 여전히 직장에 다닐 것이고, 마음속으론 여행도 가고 싶고 가능하면 승진도 하고 싶다. 지금은 우선 어떤 특별한 계획도 세울 수가 없다.

요즈음 제법 글씨가 눈에 들어오는지 길거리 간판이나 승강기 안 거울에 붙어 있는 전단지 글씨도 읽어 준다. 여전히 계단 올라가기, 뛰어다니기를 좋아하는 별로 야무지지 않은 순한 내 아이가 너무 좋다. 놀이터에서 혼자 노는 아이가 안쓰럽고 내년에 학교에 가서 적응하려고 애쓸 아이가 걱정되지만 엄마 아빠가 정말 사랑하고 있다는 걸 진심으로 믿는 아이가 고맙고 대견하다.

아동 학대니 불량 급식이니 말도 많고 탈도 많은 어린이집이지만 그래도 나는 어린이집이 얼마나 고마운지 모른다. 만약 집 근처에 보낼 어린이집이 없었다면 나는 과연 지금까지 직장에 다닐 수 있었으며 우리 부부 사이는 지금처럼 원만했을까? 내가 직접 길렀으면 아이를 그렇게 골고루 먹이고 규칙적으로 재우며 가르칠 수 있었을까? 운이 좋아 태어날 때부터 무상 보육 혜택을 받은 것도 너무 고맙다. 어린이집에 아이를 보냄으로 가끔 부모로서 뼈아픈 반성의 기회도 갖고 시간적 여유를 가질 수 있었던 것도 당연히 눈물나게 감사할 일이다.

내년에 학교에 갈 아이가 벌써부터 걱정이지만, 지금처럼 나도 아이도 잘 해낼 거다. 이번 주말엔 없는 솜씨 발휘해서 맛있는 것도 해 주고, 손잡고 산책도 해야지.

셋, 어린이집이 최고의 직장이 되기를 소망하는 나

나는 가정 어린이집과 민간 어린이집을 거쳐 지금은 국공립어린이집에서 근무하는 10년 차 어린이집 교사다. 결혼도 했고 세 살짜리 아이도 있다. 아이는 국공립에 대기한 채 지금은 친정어머니가 돌봐 주시고 있다. 내년에는 꼭 좋은 어린이집에서 연락이 와야 하는데 걱정이다. 나는 천성이 명랑하고 긍정적이며, 부지런하다. 유아교육과를 다닐 때부터 교수님들은 정말 좋은 선생이 될 거라고 격려해 주셨고, 졸업 후 운 좋게 대학 시절 스승님께서 운영하시는 어린이집 교사가 되었다.

나도 교사이기 전에 맞벌이 아기 엄마이기에 하루 일과는 생각보다 쉽지가 않다. 보통 아침 5시 30분에 기상해서 아이를 친정에 맡기고 출근을 한다. 오후 당직인 날은 조금 늦게 출근해도 되지만 습관적으로 일찍 나오게 된다. 올해는 3년마다 하는 평가 인증이 있는데 동료 교사가 2명이나 출산 휴가 중이라 대체 교사와 신입 교사가 준비해야 한다. 평가 인증 때가 되면 교사들이 사표를 낸다는 것이 지금까지는 잘 이해되지 않았는데 올해는 왠지 조금 불안하다. 어린이집은 어떤 원장님을 만나느냐가 관건이다. 아무리 힘들고 어려워도 배울 것이 많고 존경할 만한 분을 만나면 교사들의 근무 기간은 길어지고 참고 견딜 수 있는 힘이 생긴다.

다음으로는 주임 교사다. 나도 다른 어린이집에 가면 주임을 할 경력이지만 나보다 더 유능한 선배를 만난 건 행운이다. 따뜻하고 차분한 성격에 늘 먼저 움직이는 전형적인 솔선수범형 주임 선생을 만나 많은 위로를 받는다. 주방의 조리사님은 어린이집에서 정말 중요한 사람이다. 어떤 식단이 내려와도 불평하지 않고 아이들은 물론 교사들까지 마음으로 챙기는 분이 계시는 어린이집은 분위기 자체가 다르다. 중요한 세 분이 잘 결정되면 우선 안심이다.

나는 올해 만 1세반 담임이다. 대체 교사와 근무하지만 좋은 분이 오셔서 큰 걱정은 없다. 올해는 아이들과 부모들이 심하게 까다롭지 않아서 지낼 만하다. 어린이집의 하루는 아이들이 등원하면서부터 그날 하루가 어떨지 결정 난다. 오늘은 월요일도 아닌데 울면서 오는 아이들이 너무 많다. 부모들도 아이들이 떼를 쓰니 어쩔 줄 몰라 하며 발걸음을 떼지 못하신다. 한 아이는 떼쓰며 울다가 머리를 교실 바닥에 부딪쳤다.

"아 놀래라."

아이들은 다양한 모습으로 등원한다. 웃으며 오는 아이, 울며 오는 아이, 갑자기 부모 뒤에 숨어 인사도 안 하는 아이. 새 옷을 자랑하며 뛰어오는 아이 등 그날그날 기분이 다른 거다. 잠이 부족할 수도 있고 아침부터 엄마가 먹기 싫은 음식을 주기도 하고, 입기 싫은 옷을 입으라고 해서 기분이 나쁜 날도 있는 것이다. 아이들은 어른들이 생각하는 것처럼 어제 친구가 때려서 혹은 선생님이 "음, 그렇게 하면 안 돼요." 해서 어린이집에 오기 싫어하는 경우는 거의 없다.

오늘 아침 어떤 엄마는 발버둥 치는 아이를 내려놓더니 "요즘 누가 어린이집에서 우리 아이를 괴롭히나 봐요."라며 눈도 안 마주치고 쌩하고 가신다. 아이를 안아서 달래니 그대로 잠이 든다. 잠시 잠을 잔 아이는 기분이 좋아져서 오전 간식도 맛있게 먹고 친구들과 놀기 시작한다. 우리 원장님께서는 사진 찍는 것을 별로 좋아하시지 않는다. 안전사고 위험도 있고 보여 주기식의 활동도 바람직하지 않다고 생각하시는 것 같다.

아침에 우는 아이를 떼어 놓고 마음 불편하실 어머니께 얼른 잘 노는 아이 사진을 한 장 찍어서 보내 드렸다. "고맙습니다. 선생님! 아침엔 아이가 울어서 제대로 인사도 못하고 왔네요. 어제 손님이 오셔서 아이가 늦게 잤어요. 힘드시겠지만 잘 부탁합니다." 사진을 보고 미소 지을 어머니를 생각하니 나도 모르게 아이를 꼭 껴안게 된다.

오늘도 여전히 아이들은 웃다가 울고 떼를 쓰며 열심히 살아가고 있다. 제일 어려운 점심시간. 어떻게 하면 즐겁게 잘 먹일 수 있을까 늘 고민이다. 안전하고 좋은 재료에 사랑을 담아 조리하고 행복하게 먹이는 것은 우리 어린이집의 언제나 변하지 않는 최고의 목표다. 나는 이렇게 아이들 급식과 간식을 중요하게 생각하는 우리 어린이집이 너무 좋다. 원장님이 교실에 들어오시면 경쟁하듯이 잘 보이려고 아이들이 밥을 맛있게 먹는다. 아직 편식하는 친구들이 있지만 곧 괜찮아지겠지.

아이들이 잔다. 어린이집에 평화가 찾아오는 유일한 시간이지만 요즈음엔 그렇지도 않다. 새로 입소한 만 2세반 친구가 자지 않고 돌아다니며 친구들을 깨운다. 돌아다니지 못하게 하니 대성통곡하며 소란을 피운다.

잠이 깨어 일어나 앉는 아이, 같이 따라 우는 아이, 그대로 쿨쿨 자는 아이, 아이들은 정말 다르다. 아이들이 잠든 사이 교대로 점심을 먹고 그날 부모님께 보낼 관찰일지를 쓴다. 조사 하나에도 의미가 달라지는 우리말의 특징상 매일 쓰는 이 관찰일지가 제일 힘든 일 중 하나다.

"어머니, 글 쓰는 재주가 없어서 표현은 잘 못하나 제가 늘 아이를 걱정하고 사랑하는 거 아시죠?"

일지를 쓰고 허리를 펴려니 아이들이 깰 시간이다. 오후 간식을 먹고 놀이터에서 한바탕 놀고 나면 아이들이 하원하기 시작한다. 짝꿍 선생님은 퇴근하고 남아 있는 아이들과 노래 부르고 놀다 보면 오후 6시가 훌쩍 지나간다. 한 달 차이로 0세반에 못 있고 우리 반에 온 아이는 오늘도 제일 늦게 가려나 보다. 6시가 가까워지면 피곤하고 체력이 떨어져 선생님 품에 안겨 눈을 감는다. 선생님들은 안쓰러운 마음에 아이를 번갈아 안아 주신다. 원래는 늦게까지 남아 있는 아이들이 배고플 것 같아 우유를 한 잔씩 줬었는데 저녁 밥을 잘 안 먹는다고 해서 그것도 할 수가 없다.

오후 7시다. 시간 연장 아동이 없는 우리 어린이집은 7시가 조금 넘으면 대부분 아이들이 귀가한다. 교실을 정리하고 텃밭에 물주고 정원까지 살펴보면 아이들이 다 가고도 한 시간 가량의 시간이 어느새 지나가 버린다. 그나마 지난주 평가 인증이 끝나서 한시름 놓았지만 준비하고 고생한 것에 비해 허무하게 지적 받고 나니 맥이 풀린다. 우리는 언제까지 보여 주기 식의 평가에 시달려야 할까?

어린이집을 공개하는 날이다. 평가 인증과는 전혀 다른 마음이다. 우리가 아이들과 알콩달콩 사는 모습을 다른 어린이집 원장님과 교사들에게 보여 주는 것이 자랑스럽고 행복하다. 피곤한 줄도 모르고 열심히 설명해 주고 안내했다. 오랜만에 마음 편히 어린이집 식구들과 저녁을 먹고 늦은 시간 나는 퇴근한다.

"내일도 행복한 마음으로 출근해서 아이들 많이 사랑해 줘야지."

하나, 너무 이른 사회생활로 아이도 부모도 혼란스럽다

둘, 세상에 아프지 않고 자라는 아이는 없다

셋, 어린이집은 함께하는 곳이다

넷, 우리 아이만을 위한 곳으로 착각하면 상처받는다

다섯, 어린이집 블랙리스트 이야기

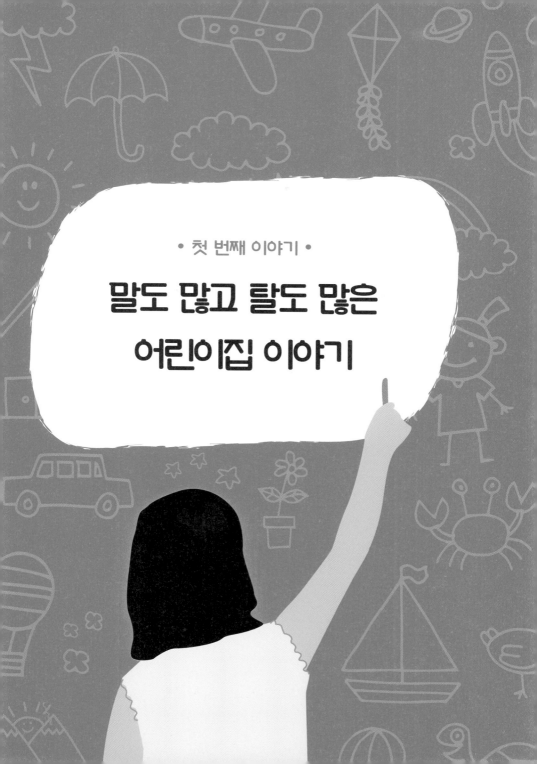

말도 많고 탈도 많은
어린이집 이야기

하나, 너무 이른 사회생활로 아이도 부모도 혼란스럽다

내가 어릴 때는 유치원을 다니는 아이들이 많지 않아서 대부분 초등학교에 입학하는 것이 아이들의 첫 사회생활이었다. 1980년생인 아들도 만 5세에 처음으로 새마을 유아원에 입학해서 일 년 다니고 초등학교에 갔다. 허나 어린이집이 생기면서 아이들의 사회생활은 어머니들의 출산 휴가와 맞물려 빨라지기 시작했다.

출산 휴가가 두 달일 때는 생후 두 달이 갓 지난 아가들이 어린이집에 다니기 시작했고, 지금은 출생 후 세 달이 지나면서부터 어린이집에 온다. 2012년 영아 전면 무상 보육이 시작되면서 우후죽

순 생긴 영아 전담 어린이집은 숫자를 헤아리기도 어렵다.

대여섯 살에 어린이집이나 유치원에 가던 예전에는 형제도 많은 데다 몸과 마음이 어느 정도 단체 생활을 할 수 있는 준비가 되어 있었다. 기저귀는 당연히 떼고 수저를 사용해 혼자 밥을 먹을 수 있으며, 혼자 옷도 입고 친구들과 재미있게 놀 줄도 알았다. 특히 해서는 안 되는 일과 해야 되는 일을 완벽하지는 않아도 구별할 수는 있었다. 그러나 요즈음 아이들은 아무런 준비도 없이 무방비 상태로 단체 생활, 즉 사회생활을 시작하게 되는 것이다.

어린이집은 단체 생활을 하는 곳이다. 혼자 엄마를 독차지하던 아이는 나이가 어릴수록 당황할 수밖에 없다. 지금 우리나라는 한 명의 교사가 너무 많은 아동을 돌보고 가르치고 있다. 특히 생후 12개월 이전 0세반 아이 3명을 교사 혼자 돌보는 것은 너무 위험하다.

스웨덴 보육 시설을 방문했을 때 18개월이 넘은 3명의 아이를 보조 교사를 포함한 3명의 교사가 각각 유모차에 태우고 산책길에 나서는 장면은 부러움을 넘어 충격이었다. 그곳에서는 유아들도 한 반 정원이 7명이 넘지 않았다. 만 1세는 5명, 만 2세도 7명으로 적은 것은 아니지만 최악은 만 3세, 우리 나이로 5살 반이다.

이제 막 영아기를 벗어난 아이들은 15명의 친구들과 아직 어떻게 놀아야 하는지도 모르고, 선생님의 세밀한 손길을 받는 것이 쉽지가 않다. 더군다나 그 나이는 대부분 동생이 생기는 나이로 아이들은 안팎으로 쓸쓸해지기 시작한다. 잘 오던 어린이집도 안 오려고 하고 떼도 써보고 말썽을 부리며 자신의 존재를 알리려 한다.

초등학교 한 반 정원도 20명 남짓인데 6, 7세도 20명은 너무 많다. 불안한 부모들의 요구는 끝도 없고 교사들은 초인적인 힘을 발휘해야 한다. 우리나라처럼 이렇게 어린 아이들을 어린이집에 보내는 나라는 거의 없다. 어린이집에서 생활하는 시간도 너무 길다. 하루 12시간 동안 단체 생활을 시키는 건 드물다. 어떻게 보면 장시간 보육 자체가 아동 학대다.

우리 모두 무상보육을 먼저 하는 것보다 최소한 일 년은 부모가 직접 돌볼 수 있는 방안을 다각적으로 마련하는 데 지혜를 모아야 할 것이다. 어른들이 돌보지 않으면 아이들은 생명을 유지할 수가 없다. 먹고 자고 입고 배설하는 모든 일에 좀 더 따뜻하고도 세심한 배려와 사랑이 필요하다. 아무리 체계적인 교육 과정을 이수한 전문가인 보육 교사라 할지라도 이렇게 준비가 되지 않은 아이들을 지금과 같은 교육 환경에서 완벽하게 돌보고 교육한다는 것은 불가능하다고 생각한다. 부모들의 이해와 협조는 당연하고 가정에서 단체 생활을 위해 연령에 맞는 준비 교육도 해야 하는 이유다.

 둘, 세상에 아프지 않고 자라는 아이는 없다

영아들은 이가 나기 시작하면 근질근질해서 물기도 하고 근육이 발달되면서 꼬집기도 하며 말을 못하니 그냥 당기고 밀고 손톱으로 할퀸다. 뒤뚱뒤뚱 걷고 뛰다가 넘어진다. 열심히 의사 표현을 하고 있는 것이다. 유아들은 호기심이 많아 하고 싶은 것도 많은데 단체 생활을 하다 보니 마음대로 할 수 없어 싸우다가 다치기도 한다. 가정이나 학교, 어린이집 등 안전하다고 생각되는 곳에서 발생하는 사고를 안전사고라 한다.

안전하다고 생각되는 곳에서 사고가 일어나는 이유는 여러 가지가 있다. 영유아들은 호기심은 많은데 인지 능력, 신체 조절 능력, 판단 능력은 미숙하고 배고픔, 질병, 새로운 상황, 애정결핍 등 여러 가지 상황에 대한 대처 능력이 부족해서 빈번하게 사고가 일어날 수밖에 없다. 교육 기관보다 가정에서, 오전보다는 오후에, 여자보다 남자가 사고가 많은 것을 봐도 알 수 있다.

우리나라는 안전한 놀이 공간이 부족하다. 자연 속에서 벗어나 인위적으로 만들어진 환경에서 살고 있고, 사회 전반에 만연한 안전 불감증에 체계적인 안전 교육이 부족하다. 특히 어린이집의 경우 아동 1인당 교실 면적이 적은 데다 평가 인증 같은 제도 때문에 너무 많은 교구와 교재가 자리 잡고 있어 아이들이 노는 공간이 적어질 수밖에 없다. 흥미 영역 구성 때문에 아이들이 마음 놓고 뛰어놀 수 있는 공간이 점점 줄어드는 건 이해하기 어렵다. 교실에 별다른 교구나 교재 없이 넓은 운동장에서 마음껏 뛰어노는 외국 어린이집 아이들의 모습을 생각해 볼 필요가 있다.

0세부터 만 1세까지의 아이들은 대부분 혼자 다친다. 걷다가 중심을 못 잡는 경우, 뛰다가 멈추지 못하는 경우 등 모두 발달이 덜되어서 일어나는 자연스러운 현상이다. 예전엔 흙에서 넘어졌지만 지금은 아이들 주위에 위험한 시설이나 물건들이 너무 많다.

만 2세가 되면 가볍기는 하지만 친구들 사이에 분쟁이 생기면서 서로 장난감을 뺏거나 때리는 일이 발생하기도 하지만 여전히 혼자 다치는 경우가 더 많다. 성장이 활발하게 이루어지는 시기로 더 빨리 달릴 수 있고 호기심과 모험심이 왕성해져 잠시도 가만히 있지 못한다. 위험에 노출되는 빈도가 높아 다치는 아이가 많지만 아직 발달 중임을 이해해야 한다.

만 3세는 단체 생활을 하기에는 아이도 선생님도 너무 힘든 시기다. 영아에서 유아로 넘어가는 반으로 어린이집에선 갑자기 한 교사가 맡게 되는 아이가 많아지고 협동놀이가 미숙한 아이들은 본격적으로 싸우기 시작한다. 부모들이 내 아이가 친구들과 문제가 있는지 상담하기 시작하는 시기다. 걱정할 필요가 없다. 이제 본격적인 사회생활을 시작했다는 신호로 열심히 인생을 배우고 있는 것이다. 이때 부모의 역할이 중요하다. 함께 사는 법을 배우는 시기이니 양보와 함께 자신의 생각을 상대에게 정확하게 전달하는 방법을 알려 주어야 한다.

만 4~5세가 되면 아이들의 생활은 이전보다 안정되고 질서와 규칙이 생기고 약속한 것을 스스로 지키려 노력한다. 이때 아이들이 다치는 건 정말 친구 때문에 화가 나서 다투거나 과격한 놀이를 즐기기 때문이다.

아이들은 다치면서 배우고 자란다. 세상에는 재미있는 것, 신기한 것도 많지만 위험한 것도 많다는 것을 알게 된다. 대처 능력

이 생기는 것이다. 다칠까 봐 아무것도 못하게 하면 유능한 사람이
될 수 없다. 어린이집에 보내기로 결정한 순간부터 언제든지 가볍
게 다칠 수 있다는 것을 인정해야 부모도 아이도 마음 편히 어린이
집에 다닐 수 있다.

오늘은 내 아이가 맞았지만 내일은 내 아이가 친구를 때릴 수도
있는 곳이 어린이집이다. 누가 봐도 교사의 부주의나 실수가 아닌
아이들 사이에서 자연스럽게 발생하는 일로 아이가 다치거나 아이
가 미숙해서 다친 일로 교사에게 상처를 주거나 부모들끼리 싸우지
않았으면 좋겠다. 성숙하지 못한 어른들의 이기심과 조바심 때문에
어린이집 전체가 불행해진다.

"선생님 아이 좀 잘 보세요."
"꼬집은 아이 엄마 전화 번호 좀 알려 주세요."
"할퀴는 아이는 어린이집에서 내보내세요."

이런 말 대신 이렇게 표현하는 건 어떨까?

"저는 충분히 이해하는데 아이 할머니가 너무 속상해하셔서요."

이렇게만 이야기해도 부모 마음이 얼마나 아프고 쓰린지 어린이
집에서는 다 안다. 적절하게 까다롭게 굴어야 어린이집에서 조심한
다는 소문은 낭설이며, 아이가 다치면 누구보다도 교사가 먼저 마음
에 상처를 입는다는 것을 이해해 주기 바란다. 아이들이 놀면서 자
연스럽게 생기는 작은 사고나 상처를 이해하지 못한다면 어린이집에

다니는 것을 포기할 수밖에 없다.

어린이집에서 안전사고 외에 가장 신경을 쓰는 부분은 감염성 질병이다. 어린이집은 0세에서 만 5세까지 다양한 연령의 아이들이 다니는 곳이다. 본격적으로 등원 중지가 이루어지는 홍역, 수족구, 수두, 성홍열, 눈병 등을 제외하고 계절과 무관하게 늘 정원의 1/4 정도는 가볍게는 감기부터 중이염, 장염, 구내염, 눈충열, 고열, 머리에 이가 생긴 상태로 등원한다. 이는 면역력이 약한 아이들이 성장 과정에 언제든지 걸릴 수 있는 병으로 지극히 자연스러운 현상이다.

아이들이 감염병에 걸리는 경우는 다양하다. 물론 어린이집에서 걸리는 경우도 간혹 있지만 어린이집 입장에선 억울할 때가 많다. 기본적인 소독에 살균기, 공기청정기 설치에 청소, 손 씻기 등 위생 관리에 최선을 다하는 데도 아픈 아이들이 생기기 때문이다. 요즈음은 면역력이 약한 생후 12개월도 안된 어린 아가들이 다니다 보니 속수무책이란 말이 실감난다. 맞벌이하는 부모의 일정에 맞추다 보니 잠이 부족하거나 식사 시간이 불규칙한 것이 면역력이 떨어지는 이유가 되기도 할 것이다.

주말을 지내고 월요일에 아이들은 의외로 많이 지쳐서 온다. TV 프로그램의 영향으로 주말마다 아이들을 데리고 어딘가에 다녀와야 좋은 부모라는 강박 관념을 가진 부모들이 늘어나면서 아이들은 주말에도 쉬지 못한다. 가깝게는 대형 마트부터 키즈카페, 동네 놀이터 등 주로 사람들이 많이 모이는 곳에 다닌다. 일주일 내내 단체 생활을 한 아이들이 주말에 쉬지 못하고 많은 사람들 속에서 각종 세균에 노출되는 것이다. 대부분 어린이집 밖에서 감염되어 오는 것이다.

등원할 수 없는 병이 정해져 있지만 막상 내 아이가 병에 걸렸을 때 이를 지키는 부모가 많지 않아 어린이집 전체가 초토화되는 일이 비일비재하다. 물론 아이가 예고하고 아픈 것도 아니고 가까운 곳에 아이를 돌봐 줄 친인척이 없는 경우도 있겠지만, 분명히 전염성 눈병인데 감기라고 우기거나 수족구 같이 전염성이 강한 질병에 걸려도 맞벌이라는 이유로 아이를 등원시켜 어린이집 전체에 전염시키는 일은 정말 해서는 안 되는 일이다.

미국의 경우 초·중·고교 입학 시 예방 접종을 완료했다는 병원 기록을 정해진 기간내에 제출해야 등교할 수 있으며, 감염 위험이 없어도 토하거나 열이 심하면 즉시 귀가 조치하고 완치되었다는 소견서가 있어야 학교에 갈 수 있다. 일본의 경우 학교, 보육원 등 집단 시설에서 독감 환자가 발생하면 규모에 따라 학급 폐쇄, 학년 폐쇄, 휴교 등이 단행된다.

영국, 독일의 경우 자녀가 감염병에 걸린 것을 알고도 등교시킨 양심 불량 학부모에게 약 3,000만원의 벌금을 부과한 기록도 있다고 한다. 호주는 감염병 학생을 위한 별도의 격리 공간을 확보하도록 국가가 규제하고, 싱가폴의 경우 학생과 교직원이 정기적으로 감염 질환 예방 교육을 받을 수 있도록 구체적인 감염병 지침을 내려보내고 있다.

대한민국 어린이집은 대단히 특별한 곳이다. 아이가 아파도, 감염병에 걸려도 맞벌이니까 돌볼 사람이 없으니 어린이집에서 옮았다고 원망하면서도 아이를 어린이집에 다시 보낸다. 태풍이 불어도 미세먼지. 감염성 질병 때문에 유치원 초등학교가 휴교해도 보건복지부에서 관리한다는 이유로 어린이집은 문을 열고 아이들은 등원한다.

가장 어린 나이의 아이들이 다니는 어린이집을 이렇게 무방비 상태로 방치하는 것이 과연 온당한 일인가? 이런 환경에서 아이가 어린이집에 다니며 병을 옮아 오는 것은 감수해야 하는 부분이 되어 버렸다.

그렇다면 아이들이 아프지 않도록 하기 위해서는 어떻게 해야 할까? 우선 아이의 면역력을 길러 주는 것이 가장 중요하다. 어떤 아이는 0세에 입소해서 만 5세에 졸업할 때까지 수족구나 수두 등 감염병에 한 번도 걸리지 않는다. 그런 반면 수족구를 연달아 4번까지 앓는 아이도 있다. 영아 때는 감기를 달고 살던 아이도 유아가 되면 감기도 잘 안 걸린다. 아이 개개인의 면역력, 영양 상태, 위생 상태가 중요한 요소임을 알 수 있다.

"우리 아이가 처음이에요."
"집에 있을 땐 괜찮았는데 어린이집에 다니면서 감기를 달고 사네요."
"어린이집에서 옮았나 봐요."
"소독은 하세요?"

이제 내 아이가 감염병에 걸렸을 때 위와 같은 이야기가 누구에게도 도움이 되지 않는다는 것을 우리 모두가 안다. 자라는 과정

에 면역력이 약해서 생기는 어쩔 수 없는 일이라고 각자의 입장에
서 위로할 뿐이다. 감염병에 걸린 아이를 등원 금지시켰다고 민원
을 넣는 그런 부모는 되지 말았으면 좋겠다.

 셋, 어린이집은 함께하는 곳이다

아이는 세상에 태어나서 처음으로 부모를 떠나 어린이집이라는
곳에 다닌다. 0세반의 경우 담임을 '엄마'라고 부르며 눈에 안 보이
면 운다. 일찍부터 어린이집에 다닌 아이는 심지어 부모가 퇴근하고
와도 가지 않으려 해서 부모들을 슬프게 한다. 아침에 부모와 떨어
질 때 울지 않는 아이도 많다.

어린이집 막내들은 선생님들의 사랑을 독차지하기도 한다. 시간
만 나면 서로 안아 주려 한다. 언젠가 봄 소풍을 갔는데 아이가 선
생님 곁에서 떨어지지 않으려 해서 눈물을 흘리던 엄마도 있었다.
그러나 아이들은 신기하게도 돌 가까이 되면 어린이집이 부모와 사
는 집과 다르다는 것을 금방 알아버린다.

"아, 세상에는 엄마 아빠 말고도 좋은 사람이 있구나."
"내 마음대로 되는 게 하나도 없네."
"뭐 이렇게 하지 말라는 게 많아."
"아, 먹기 싫어 냄새가 이상해."
"언제까지 기다려야 해?"
"우리 엄마 아빠는 왜 이렇게 늦게 와."
"나도 저 장난감 갖고 놀고 싶은데."

"누구는 싫어, 매일 나를 밀어."

"저 옷 예쁘다. 나도 사달라고 해야지."

정해진 시간에 일어나고 잠자고 앉아서 밥 먹고 수저 잡고 인사하고 배변 훈련을 마치고 우리말로 말하는 것을 배우는 곳이 어린이집이다. 아침에 등원하면 신발을 자기 자리에 정리한다. 글씨를 몰라도 사진이나 캐릭터 모양으로 내 자리를 찾을 수 있다. 비가 오는 날은 우산도 잘 접어 예쁘게 정리한다. 선생님과 친구들에게 인사하고 메고 온 가방도 정리한다. 자유 선택 활동 시간이 끝나면 장난감도 정리하고 정해진 시간에 간식과 점심을 먹는다. 먹기 싫은 것도 남기지 않고 먹으려 노력한다. 낮잠 시간에 여기저기 돌아다니면 친구들이 잠을 못자니 잠이 안 오면 뒹굴뒹굴하거나 선생님 옆에 앉아서 졸릴 때까지 기다린다.

저출산으로 형제자매가 없는 요즈음 아이들은 이렇게 어린이집에서 기본 생활 습관과 모국어를 익히며 함께 사는 법을 배운다. 불편한 것도 있고 마음대로 안 되는 것이 있어도 조금 기다리면 순서도 오고 친구들과 같이 노는 게 즐겁다는 것을 경험으로 이해하고, 싸우지 않고 잘 지내는 법도 알게 된다.

미래 사회는 세계 공통의 질서와 가치를 공유하고 더불어 살 줄 아는 배려 문화가 주도하는 사회로, 좋은 매너와 에티켓이 몸에 밴 좋은 사람이 대우 받게 될 것이다. 좋은 사람은 좋은 생활 습관이 몸에 배어 있는 사람으로 남에게 피해를 주지 않고 작은 일이라도 도움을 주는 사람이다.

아이들은 어린이집에서 인간으로서 갖춰야 할 작은 생활 습관들을 배우고 실천하며 몸으로 익힌다. 조금 불편해하고 힘들어 해도 잘 익힐 수 있도록 격려해 주면 아이는 좋은 사람으로 성장할 수 있다. 좋은 생활 습관이란 우선 밝게 웃으며 인사하기, 존댓말 사용하기, 자기물건 스스로 정리하기, 편식하지 않고 골고루 먹고, 공공질서 잘 지키는 것으로 시작한다.

마이클 레빈(Michael Levine)의 『깨진 유리창 법칙』에서는 아주 작고 사소한 것이 결국 모든 것을 허물어뜨리거나 일으켜 세울 수 있다고 이야기 한다. 좋은 생활 습관이 몸에 밴 아이들이 결국은 여러 사람과 함께 어울려 살 수 있는 좋은 사람이 될 수 있기 때문이다. 어린이집에 다닐 때는 머리가 아닌 몸으로 모든 것을 익히고 즐기며 친구들과 함께 사는 법을 배워야 함을 부모들이 먼저 알아야 한다.

 넷, 우리 아이만을 위한 곳으로 착각하면 상처받는다

가끔 부모들은 어린이집을 어떤 곳으로 생각하고 있는지 궁금해질 때가 있다. 어린이집은 공공 교육 기관이다. 타 교육 기관에 비해 어린 아이들이 다니기 때문에 부모들이 걱정이 많고 불안해하는 것을 이해하려 해도 어린이집 입장에선 수용하기 어려운 요구들이 너무 많다.

분명 어린이집은 오전 간식, 점심, 오후 간식을 정해진 시간에 제공하게 되어 있다. 그럼에도 불구하고 아침을 가져와 먹여 달라는 부모가 의외로 많다.

예전에 한 아이가 아침 도시락을 가져온 적이 있다. 오전 7시 40분쯤 등원하던 영아였는데 마침 오전 8시까지 등원하던 아이가 없던 때라 아침을 굶고 오는 아이가 가여워서 밥을 먹여 주었다. 그러나 문제는 간단하지 않았다. 아이 밥 먹이는 일만 거의 1시간이 걸린 것이다. 도시락 양도 워낙 많은 데다 뜨겁기도 하고, 아이는 천천히 먹기는 해도 다 먹으려 노력하는 게 보여 서두를 수가 없었다. 다 먹겠다고 엄마와 약속을 했는지 조금 일찍 온 친구가 과일 한 쪽을 달라고 해도 절대 주지 않고 혼자 먹었다. 어쩌다 조금 남긴 날에는 다음 날 아이엄마가 꼭 "다 먹여 주세요."라고 당부했다. 얼마 지나지 않아 그 아이와 제일 친한 아이가 아침을 싸오기 시작했고 교사들은 어려움을 호소하기 시작했다.

오전 7시 30분부터 오전 9시까지는 연령이 다른 아이들이 함께 생활하는 통합 보육 시간이다. 저녁에 정리를 하고 퇴근한다 해도 출근하면 어린이집 주변 청소도 해야 하고, 일찍 등원하는 아이들을 맞이하고 돌봐야 한다. 그런데 교사 한 사람이 아침을 먹는 아이에게 시간을 할애하다 보니 등원하는 아이들에게 세심하게 눈을 맞추어가며 인사할 수 없고 서운해하는 부모도 생겼다.

시간이 지날수록 어려움이 한두 가지가 아니었다. 아침을 어린이집에 맡기고 싶어 하는 부모들이 점점 많아지고 심지어 아이들이 어린이집에 먹을 것을 가져가겠다고 조르는 경우도 생겼다. 다른 것도 아니고 아이가 아침을 먹겠다는 것이고 일찍 출근하면서 아이 아침 챙기는 엄마의 마음도 쉽게 내칠 수가 없었다. 아이가 잘 먹는다고 생각한 엄마의 도시락 양은 더 많아졌고 심지어 후식으로 사과 한 개를 통째로 보내기도 했다.

양이 너무 많을 것 같아 일찍 온 친구들과 조금 나누어 먹자고 해도 싫다고 하고, 옆에 아이들은 먹고 싶어 하고, 난감한 일이 한두 가지가 아니었다. 결단을 내릴 수밖에 없었다. 그러나 더 이상 아침을 먹여주지 않기로 결단을 내린 가장 큰 이유는 아침을 그렇게 먹은 아이가 점심을 거의 안 먹기 시작했기 때문이다.

간식이나 점심시간이 다 지난 뒤 등원해서 밥을 먹여 달라는 부모, 특별히 치료를 요하는 질병이 없는데도 물이나 음식을 싸서 보내겠다고 하고 매일 아이 데리고 늦잠 자다 다른 아이들 잠잘 때 데리고 와서 자는 아이 다 깨우는 부모, 어린이집에 의무적으로 내야 하는 서류를 안 가져와서 감사에 지적받게 하고 심지어 집에서 받아서 하는 학습지를 가져와서 어린이집에서 했으면 좋겠다는 부모, 이미 수업이 시작된 뒤에 아이를 데리고 와서 선생님이 뛰어나와 손을 잡고 가지 않았다고 섭섭하다는 부모, 오전엔 영어 학원에 보내니 오후에만 오겠다는 부모도 있다.

어린이집에서 부모 교육이나 오리엔테이션 때 미리 이야기를 하지만 여전히 듣고 싶은 이야기만 듣고 가는 부모들은 줄지 않고 있다. 최근 서울시에서 사전 부모 교육이란 것을 만들어서 아이가 어린이집에 입학하기 전에 교육을 받게 하는데 그것도 끝까지 안 듣는 부모들이 있어 조만간 의무 교육이 될 것 같다.

어린이집은 아이가 세상에 태어나서 처음으로 다른 사람과 어울려 살며 인간으로서 기본적으로 갖춰야 할 것들을 배우는 곳이다. 아이들은 내 마음대로 잘 되지 않아도 참아야 하고 양보도 해야 하지만, 함께하는 것이 불편하지만은 않다는 것을 처음으로 배우게 된다.

학교에 부탁할 수 없는 것은 어린이집에도 부탁하면 안 된다. 어린이집은 개별 보육이 아닌 단체 보육을 하는 곳으로, 우리 아이만을 위한 곳으로 착각하면 상처받는다.

 다섯, 어린이집 블랙리스트 이야기

대통령 탄핵에도 일조했던 문화계 블랙리스트 이야기를 보며 어린이집에도 블랙리스트라는 것이 있을까 라는 생각을 하게 되었다.

어린이집도 사람이 모여 사는 곳이니 교사나 원장들 사이에서 기피하는 부모나 아이가 왜 없겠는가. 언제부터인가 어린이집 원장들은 12월에 담임 배정을 하고 난 뒤 교사가 면담을 요청하면 가슴이 철렁해서 피하게 된다고 한다. 다음 해에 맡게 될 아이 부모 중에 만나고 싶지 않은 부모가 배정되거나 너무 힘들게 하는 아이의 담임을 맡게 되면 가차 없이 사표를 들고 오기 때문이다. 참고 근무해 줄 것을 요청하면 그 아이나 부모 때문에 너무 힘들어 스트레스 받으면 다른 아이들에게도 좋은 선생이 될 자신이 없다고 거절한다. 아마도 그 부모는 본인이 어린이집의 모든 교사가 피하고 싶은 부모가 된 줄은 모르고 있을 것이다.

민원 넣는 것을 취미 삼아 동네 어린이집을 전전하는 부모들도 어린이집 사이에선 저절로 소문이 나게 되어 있다. 물론 어린이집에서 그 아이를 못 들어오게 할 수는 없지만 부모 때문에 자신의 아이가 기피 대상이 된다는 것에 대해 생각해 볼 필요는 있다.

무상 보육 전에는 보육료를 안 내고 상습적으로 어린이집을 옮겨 다니는 부모도 있었다. 생활이 어려워서가 아니다. 첫 달 보육료만 내고 2~3달 안 내다가 어린이집에서 재촉하면 다른 어린이집으로 옮겨 다니는 것이다. 보통 인근 여러 어린이집에 등록을 해두기 때문에 마음만 먹으면 언제든지 움직임을 알 수 있다. 한번은 너무 괘씸해서 가장 가까운 어린이집에 연락했더니 문제의 아이가 새로 들어오기로 했다고 해서 전에 다니던 어린이집 보육료를 정산하고 와야 한다고 했더니 안 오더란다. 1~2월 보육료를 내지 않고 졸업 선물까지 챙겨 가는 비양심적인 부모도 허다했다.

아이가 떼쓰거나 적응하지 못해 교사를 힘들게 한다고 교사들이 그 아이를 피하는 것은 아니다. 가정 사정으로 아이가 힘들어하거나 부모가 진심으로 도움을 요청하면 교사나 원장은 기꺼이 도와준다. 더 많이 안아 주고 세심하게 살피면서 아이가 안정되도록 최선을 다한다.

분명 부모가 잘못해서 아이에게 문제가 있는데 어린이집의 조언은 무시하고 터무니없는 요구를 일삼고, 무조건 어린이집 선생님 때문이라고 하는데 어떤 교사가 참고 근무하겠는가?

몇 년 전 어느 지역의 어린이집 원장들이 교사 블랙리스트를 만들었다고 교사들이 언론에 제보해 시끄러웠던 적이 있다.

교사를 채용할 때 이력서만 보면 알 수 없는 부분이 많다. 학기를 채우지 못하고 자주 직장을 옮겨 다니던 교사들에게 그 이유를 물어보면 나름 여러 가지 이유를 대기 때문에 결정하기가 쉽지 않다. 당연히 전에 다니던 어린이집에 문의해서 알아보게 된다.

원장님들은 대부분 젊은 사람이 직장 얻는 일을 방해하고 싶지 않아 하고, 개인 정보를 함부로 이야기해서는 안 되기 때문에 교사의 신상에 대해 말하기 조심스러워 한다. 그러나 사람의 마음은 은연중에 전해지기 마련이고 느낌으로 알 수 있는 경우 또한 많다.

신학기가 시작되고 3월 중순에 영아들이 얼굴을 겨우 익혀 울지 않게 되었을 때 그만두는 무책임한 교사, 평가 인증 관찰 2~3일 전부터 출근도 하지 않고 학기 개념도 없이 아무 때나 사표를 쓰고 무단으로 결근하는 이상한 교사들도 드물지 않게 볼 수 있다.

성직자가 운영하던 어린이집에 다니던 한 교사가 약속을 계속 어기며 불성실하게 행동해서 동료 교사들이 항의하는 사태가 발생했다. 그 교사는 후에 노동법을 교묘하게 이용해 돈을 받고 사직했는데, 일이 터진 뒤 전에 다니던 어린이집에 연락해 보니 그곳에서도 돈을 받고 그만둔 상습범이었다. 혜택을 받는 것은 당연하다고 생각하고, 조금이라도 손해를 본다고 생각하면 교사라는 사명감도 책임감도 느끼지 못하는 사람도 있는데 어쩌겠는가?

교사들 사이에도 당연히 기피하는 원장이 있을 것이다. 매년 교사 이동이 많은 어린이집을 보면 유난히 말도 많고 탈도 많은 부모들 때문이기도 하지만 원장 때문에 사표를 내는 교사들도 적지 않을 것이다.

직원회의 때마다 한 시간 이상 잔소리하는 원장, 지나치게 권위적인 원장, 호봉이 높은 교사를 노골적으로 싫어하는 원장, 행사를 많이 해서 힘들게 하는 원장, 출퇴근 시간이 일정하지 않은 원장, 반말하는 원장 등 일일이 열거하기 어렵다.

다양한 사람들이 모여 사는 어린이집이니 당연히 호감이 가는 사람과 피하고 싶은 사람이 생기기 마련이다. 모든 사람에게 다 좋은 사람이 될 수는 없지만, 최소한 절대적으로 만나고 싶지 않은 사람은 우리 모두 되지 말았으면 좋겠다.

하나, 너무나 다른 아이들

둘, 우는 것으로 모든 것을 해결하려는 아이들

셋, 뒤로 넘어지며 떼쓰는 공격적인 아이들

넷, 말썽 피우는 아이들

다섯, 의욕이 없고 혼자 놀기 좋아하는 아이들

여섯, 온순하고 착해서 고마운 아이들

일곱, 잘 웃고 양보할 줄 아는 아이들

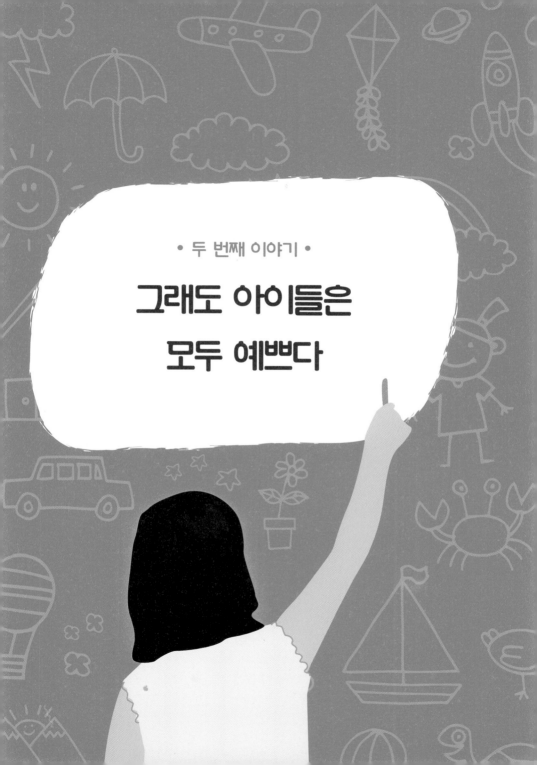

• 두 번째 이야기 •

그래도 아이들은
모두 예쁘다

그래도 아이들은
모두 예쁘다

하나, 너무나 다른 아이들

아이들은 너무나 다르다. 가정 환경, 출생 순위, 심지어는 국적
도 다르고 특히 1월부터 12월생 아이들까지 같이 생활하다 보니 발
달 정도도 차이나고 성향 또한 다르다.

5명이 한 반으로 구성된 만 1세반이 3월 초엔 4명으로 출발하
였다. 아이들이 어느 정도 적응하여 안정되어 가던 4월 중순경 새
로운 아이 하나가 입소했다. 아이는 아침마다 울기 시작했고 우는
친구를 보는 아이들의 반응은 너무나 달랐다. 한 아이는 새로 온
친구를 따라 같이 울기 시작해서 처음 어린이집에 왔을 때로 돌아

갔다. 적응 훈련을 다시 해야 하는 상황이 된 것이다. 마음도 약한 데다 겨우 참고 적응하려는데 우는 친구가 오니 따라 울 수밖에 없는 것이다. 한 아이는 우는 친구를 달래려고 갖은 애를 썼다. 장난 감도 갖다 주고 얼굴도 쓰다듬으며 안쓰러워 어쩔 줄을 몰라 했다. 네 마음 다 안다는 표정이다. 어떤 날은 처음부터 인형을 들고 기다 리고 있기도 한다. 한 아이는 우는 아이를 보며 화를 냈다. 심지어 때리는 경우도 있었다. 한 아이는 불쌍하다는 듯 다 이해한다는 표 정으로 아이를 쳐다보며 타이른다.

"우찌 마, 엄마 안 와. 이따와."

새로 온 아이는 따라 우는 아이를 보고 놀래서 더 크게 울기도 하고, 오히려 울음을 그치고 자신이 달래기도 한다. 장난감을 가져 다 주는 친구와 놀기도 하고 장난감을 던지며 달래던 친구를 울리 기도 하고 시끄럽다는 친구와 바로 싸우기도 한다. 울지 말라며 시 크하게 달래던 친구를 물끄러미 바라보며 마음을 진정해 보려고 애 쓰기도 한다. 이렇게 다른 아이들이 함께 살며 어린이집에 적응하지 만 크면서 아이마다 자신이 가지고 있는 성향이 크게 달라지지 않 는 것을 보면 신기하다.

자유선택활동이 끝난 뒤 장난감을 정리하는 시간이 돌아와 선 생님이 '모두 제자리' 피아노를 치신다. 한 아이는 곧바로 놀이를 멈 추고 장난감을 정리한다. 한 아이는 여전히 놀고 있다. 선생님이 그 만 놀라고 할 때까지 놀다 장난감을 정리한다. 한 아이는 놀이는 멈

쳤지만 '모두 제자리' 노래만 부르고 돌아다니며 장난감 정리는 하지 않는다. 한 아이는 장난감을 조금만 정리하고 안 한다. 한 아이는 계속 놀겠다고 발버둥을 치며 울기 시작한다. 이렇게 다른 아이들이 모여 사는 곳이 어린이집이다.

만 4, 5세 유아반이 청계천으로 생태 교육을 나갔다. 여러 가지 활동을 한 뒤 돌아오는 길에 징검다리를 만났다. 교사는 아이들에게 돌아갈지 건너갈지 물었고 대부분의 아이들은 큰 소리로 건너자고 했다. 당연히 목소리 작은 건너기 싫거나 무서운 아이들의 의견은 묵살된다.

> "돌에 이끼 같은 것이 있어서 미끄러울 수도 있으니 조심하세요."
> "선생님 도움이 필요하면 이야기해요."

아이들은 통통거리며 재미있게 징검다리를 건넜고, 몇몇 아이들은 처음엔 망설이기도 했지만 친구들을 보며 따라 건너기 시작했다. 겁이 많은 한두 명은 선생님 손을 잡고 건넜다. 건너는 과정에 몇 명이 발이 살짝 미끄러지면서 운동화에 물이 조금 들어갔다. 한 아이는 "아, 시원해. 선생님 운동화가 깨끗해졌어요." 한 아이는 "신발이 젖었어요."라며 어린이집에 도착할 때까지 운다. 한 아이는 운동화를 벗었다 신었다 반복하며 짜증을 낸다. "선생님, 발이 축축해요. 기분이 이상해요. 찌걱찌걱 소리가 나요." 하며 울상이다. 운동화가 젖지 않은 한 아이는 젖은 운동화를 신으면 정말 발이 시원한지 기분이 나빠지는지 궁금한 모양이다. 찌걱찌걱 소리가 나서 싫다는 아이와 신발을 바꿔 신은 아이는 신이 나서 뛰어 간다.

"와, 발이 간질간질 너무 재미있다."

같은 나이에 같은 경험을 한 아이들도 이렇게 다르게 느끼고 받아들인다. 아이가 집에 와서 하는 이야기는 당연히 다를 수밖에 없다.

가끔 아이들은 어린이집에서 버스를 타고 근교로 체험 활동을 나간다. 가급적 한 시간 이내로 움직이려 애쓰지만 유아들의 경우 꼭 필요할 때는 조금 멀리 가기도 한다. 체험 활동을 다녀온 뒤 마중나온 부모들이 아이들에게 묻는다.

"재미있었어? 뭐 했어? 밥 많이 먹었어?"
"어디 안 다쳤어? 힘들지 않았어?"
"어이구 수고했어. 이젠 버스 타고 멀리까지 잘 다녀오네."

한 아이는 시크하게 "줄만 서다 왔어." 한다. 한 아이는 괴로운 듯 "엄마 이제 버스 타는 데 안 갈 거야." 한다. 한 아이는 신이 나서 "엄마 너무 재미있었어, 또 가고 싶어." 한다. 한 아이는 "음, 재미는 있는데 많이 걸어서 좀 힘들었어요." 한다. 한 아이는 "엄마, 버스 타고 가다가 저번에 엄마 아빠랑 갔던 동물원 지나갔어요." 한다. 한 아이는 벌컥 화를 내며 "왜 자꾸 말 시켜." 한다.

우리 아이를 기준으로 어린이집 프로그램이나 행사, 체험 학습 등을 평가하고 단정지으면 안 되는 이유다. 부모들은 우리 아이는 무얼 좋아하는지, 어떤 놀이를 할 때 아이가 행복해하는지 살펴보고 무엇을 도와줘야 하는지를 생각해야 한다. 유난히 멀미가 심한 아이는 가끔 버스나 지하철을 태워 주고, 다리가 아프다는 아이는 가볍게 산책을 하며 다리 힘을 키워 주고, 매사에 관심이 없는 아이는 미리 많이 보고 집에 와서 이야기해줄 것을 부탁하거나 아이와 함께 체험 활동 내용을 간단하게 이야기하며 관심을 유도해 보는 것이 도움이 될 것이다.

 둘, 우는 것으로 모든 것을 해결하려는 아이들

만 3세 남자아이가 일 년을 등원할 때마다 울었다. 아기 때부터 많이 울던 어린이집 옆집 아이였다. 아침에는 엄마가 등원을 시켰는데 자기 집 대문을 나설 때부터 어린이집 현관에 도착할 때까지 온 동네가 떠나가라 울면서 왔다. 아이가 너무 심하게 울어서 목이 다 쉴 정도였는데 엄마는 전혀 개의치 않고 아이를 떼어 놓고 직장으로 갔다. 가족 누구도 아이가 우는 것에 특별히 신경쓰는 것 같지 않았다. 아이는 신기하게도 엄마가 시야에서 멀어지면 곧 울음을 멈추고 진정했고 낮에는 별 문제없이 어린이집 생활을 했다. 4살까지 집에 있던 아이는 어린이집에서의 생활을 좋아했지만 아침저녁 엄마와의 만남과 헤어짐에 대한 묘한 불안감을 갖고 있었다. 엄마에게 몇 번을 이야기했지만 아기 때부터 원래 그랬다며 전혀 걱정하지 않았다. 이사를 하며 헤어졌지만 쌀쌀맞던 엄마의 모습이 지금도 생각난다.

만 2세 시안이가 갑자기 울면서 등원하기 시작했다. 감염병에 걸려 10일 정도 집에 있었는데, 다시 등원했을 때는 이미 울보가 되어 있었고 어린이집에 들어와도 30분 정도 울고 나서야 제대로 수업을 할 수가 있었다. 동생이 생겨 마음이 허전했는데 열흘 동안 동생은 어린이집에 있고 집에서 엄마를 독차지했던 것이 좋았나 보다. 엄마에게 양해를 구하고 우는 동안 잠시 무관심한 반응을 보이자 곧 원래대로 돌아왔다.

만 3세 종하는 주기적으로 울면서 어린이집에 온다. 울면서 계속 엄마를 찾는다. 만 3세면 우리나라 나이로 5살이니 엄마를 찾으며 우는 아이는 거의 없는데 종하는 유독 심하게 엄마를 찾았다. 외국인 회사에 다니는 엄마는 해외 출장이 많아 종하는 시골 외갓집에 가기도 하는데 엄마가 출장을 다녀온 뒤 심하게 우는 것을 보면 엄마의 부재를 불안해하는 것 같았다. 출장을 갈 때는 아이에게 정확히 설명하고 약속한 날 돌아오고, 아이가 어릴 때는 너무 긴 출장이나 개인적인 일은 최소한 줄여야 한다. 아이는 금방 커서 엄마 없는 날을 곧 좋아하게 된다. 긴 여행도 그때 가면 된다.

이렇게 어린이집에 잘 다니던 아이들도 아파서 며칠 동안 집에 있다 오거나 동생이 생기는 등 환경의 변화가 있으면 울면서 등원한다. 새로 입소한 아이들 중에는 규모가 큰 어린이집으로 옮기거나 낮잠 자는 시간에 실내가 어두워지는 게 싫고 급식 환경이 달라져도 우는 경우가 있다.

어릴 땐 울음으로 의사 표현을 하는 것이 용인되지만 조금 커서 어느 정도 말을 하기 시작하면 우는 것으로 해결할 수 없다는 것을 부모나 교사의 교육을 통해 알게 된다. 아이가 어느 정도 말귀를 알아듣고 의사 표현이 가능해지면 운다고 무조건 요구를 들어주어서는 안 되고, 부모는 단호한 태도를 보일 필요가 있다. 왜 우는지를 묻고 왜 울면 안 되는지를 설명하고, 운다고 문제가 해결되는 것이 아니라는 것을 분명히 알려 주어야 한다.

> "왜 우는데? 동생들은 말을 못하니까 울지만 너는 말을 할 줄 아니까 왜 우는지 말을 해 줄 수 있잖아."
> "그렇게 울면서 이야기하면 무슨 말을 하는지 알아들을 수가 없어서 너를 도와줄 수가 없단다."
> "이제부터 울면서 조르는 것은 들어주지 않을 거야."
> "하고 싶은 것을 분명하게 말로 해봐."

아이가 갑자기 놀다 넘어져 다치거나 놀랐을 때는 당연히 위로해 주어야 한다. 이때 너무 오래 울지 않도록 습관을 들이는 것도 필요하다. 누군가가 위로해 줄 때 긍정적으로 받아들이는 습관도 아이의 성장에 많은 도움이 되기 때문이다. 설명하고 설득해도 무언가를 요구하기 위해 계속 우는 것을 허용하기 시작하면 울보가 될 수밖에 없다.

유명한 여류 시인이 출판 기념회에서 자신이 시인이 되고 잘 울지 않는 이유를 이야기한 게 문득 생각난다. 홀로된 외할머니, 어머니까지 세 식구가 시골에서 살았는데 6살 때 동네 친구 집에 놀러가서 재래식 화장실에 빠졌단다. 동네 어른들이 꺼내서 집에 데려다 줬는데 똥 범벅에 울고 있는 자신을 보고 마당으로 뛰어나온 할머니와 어머니는 놀래는 것도 잠시 우물에서 물을 퍼서 코를 막고는 멀찌감치 떨어져서 물을 뿌리더란다. 어린 마음에도 평상시 목숨보다 귀하다며 끔찍이 아껴 주던 두 분이 냄새 난다고 울고 있던 자신 옆에 오지 않는 것을 보며 느낀 바가 많아 다시는 울지 않게 되었다고 한다.

 셋, 뒤로 넘어지며 떼쓰는 공격적인 아이들

만 3세에 입소한 남자아이 영기는 교사들을 정말 힘들게 했다. 15년 넘게 근무한 노련한 담임 교사도 영기 때문에 어린이집에 출근하고 싶지 않을 때가 많다고 했다. 아무 이유도 없이 뒤로 넘어지며 울고 교실 바닥에 머리를 박고 발버둥을 치기 시작하는데, 교사 혼자는 감당이 안 되게 힘이 세서 성인 2명이 아이를 잡아야 머리를 겨우 보호할 수 있었다. 매일매일이 긴장의 연속이었다. 아이를 잡고 달래며 실랑이하는 모습을 CCTV로 보면 영락없이 아동 학대로 보일 정도다. 잘 놀다가도 장난감만 정리하자면 떼쓰고, 밥을 먹자고 해도 뒤로 넘어가고, 놀이터에 가자고 해도 울고 어린이집 문짝도 부수고 거울도 깨는 영기와 우리는 3년 동안 전쟁을 하듯 함께 살았다. 조용히 지나가는 날에는 모두가 감사해 하고, 하루하루를 살얼음판 걷듯이 마음 졸이며 영기를 지켜보았다. 너무 심한 날에 집에 연락을 하면 엄마가 와서 "왜 그래" 하고는 그대로 서서 쳐다본다. 그래도 아빠가 오는 날에는 벌떡 일어나는 걸 보면 아이에게 손을 대는 것 같았다. 부모와 상담을 했지만 말귀도 못 알아듣고 아이를 치료할 경제적 여건도 되지 않았다.

연수원 시절 함께 근무한 놀이 치료사 선생님에게 도움을 요청했고 고맙게도 일주일에 한 번씩 영기를 보러 왔다. 그사이 영기 동생이 영아반에 입소했는데 강도는 약했지만 비슷한 행동들을 보였다. 치료사 선생님은 두 아이를 일 년이 넘게 돌봐 줬는데 다행히 영기 동생은 어리기도 하고 나름 어린이집 교사들이 미리 대처를 해서 그런지 적응도 잘하고 다른 아이와 큰 차이 없이 무사히 졸업했다.

영기는 치료사 선생님을 무척 좋아했고 오시는 날만 기다렸다. 가끔 미안하지만 너무 힘들게 할 때 선생님 안 온다고 하면 말을 듣기도 했다. 선생님이 오면 영기는 선생님을 혼자 차지하는 게 너무 자랑스러운지 행복해 보였다. 누나와 나이 차이가 많이 나는 영기는 사랑도 훈육도 제대로 받지 못한 방치된 아이였다. 조금 일찍 아이에게 관심을 갖고 돌봐 줬으면 더 좋아졌을 텐데 부모로부터 따뜻한 보호를 받지 못한 영기는 그렇게 겨우 조금 나아진 상태로 졸업했다. 여전히 아빠는 가출과 귀가를 반복했고 아이들이 집에서 먹는 건 김치와 라면, 밥뿐이었다. 최대한 어린이집에서 점심과 간식을 넉넉하게 챙겨 먹였다. 아이가 졸업을 하고 초등학교에 다닐 때 영기가 아빠가 때렸다며 자기가 경찰에 직접 신고하고 동네 놀이터에 숨어있는 것 봤다는 이야기를 들었다.

만 2세에 어린이집에 온 영주는 영기와 유사한 행동을 보였다. 임신한 담임 교사의 배를 차고 머리를 잡아당기고 뺨을 때리고 꼬집으며 한 시간 이상을 큰소리로 울기도 했다. 부모와 면담을 했더니 엄마는 아이가 어릴 때 따뜻하게 돌보지 못했다고 반성하고 아빠는 지나치게 허용적이라고 했다. 어린이집에서는 교사들이 시간이 될 때마다 많이 안아 주고 떼 쓸 때는 단호하게 대처했다. 부모도 노력을 하면서 아이는 눈에 띄게 좋아졌다. 이제는 전혀 폭력을 쓰지 않고, 울어도 달래면 금방 그친다. 만 4세가 된 영주는 이대로 가면 아주 근사한 숙녀가 되어서 졸업을 할 것 같다. 부모와 어린이집이 함께 노력하면 충분히 극복할 수 있다.

만 3세에 입소한 현선이도 자주 떼를 쓰지만 오래 울지는 않는다. 주위의 눈치를 살피며 그날그날 강도를 스스로 정하는 고도의 전략을 쓴다. 최근엔 친구들 얼굴을 장난감이나 손으로 가격해서 교사를 기겁하게 만든다. 무관심하게 대하면 오히려 가까이 와서 애교를 피운다. 왜 그러냐고 물으면 대답도 한다.

"관심 받고 싶어서 그래요."
"그런 행동을 하면 선생님은 너한테 관심을 갖게 되지 않고 오히려 화가 나는데 어떻게 하면 좋을까?"

아동 복지 시설에서 생활하는 현선이는 또 다른 모습으로 교사들을 당황하게 한다. 오늘은 어디까지 하고 내일은 또 어떤 방법으로 선생님을 내 편으로 만들까를 열심히 연구하는 아이의 마음을 더 꼼꼼하게 살피기에는 15명의 아이가 너무 많다.

부모에 대한 분노를 어린이집에 와서 교사나 친구들에게 화풀이 하는 아이들이 점점 많아지는 세상이다. 많은 시간이 필요한 것이 아니다. 짧은 시간이라도 부모가 자신을 사랑하고 있다는 것을 알게 해주면 된다. 조금만 더 자주 안아 주고, 눈 마주치고 손잡고 이야기해 주면 아이도 이해한다. 어린이집에 있는 시간이 길어 안쓰러운 손녀에게 미안해서 위로해 주면 오히려 의젓하게 대답한다.

> "서령이 어린이집에 너무 오래 있게 해서 미안해 잘 참아줘서 고맙구나."
> "할머니 괜찮아요. 엄마 아빠가 바빠서 그러는데요. 이해해야 해요.
> 대신 주말에 잘 놀아 주는데요."

아이들은 지금 외치며 묻고 있는 것이다.

> "나, 사랑해 줘요."
> "나 힘들어요."
> "도와주세요."
> "좀 더 많이 봐 주세요."
> "이것 해도 돼요?"
> "어떻게 하면 되나요?"
> "알려 주면 잘할 수 있어요."

 넷, 말썽 피우는 아이들

아이들은 다양한 방법으로 작은 말썽들을 피우며 어린이집에서 친구들과 살고 있다. 어디까지 하면 봐주는지 어떻게 하면 안 되는지 기준을 정확히 모르니 한 번씩 해 보는 것이다.

0세부터 어린이집에 다닌 진수는 0세 때부터 친구들 얼굴을 꼬집고 물고 때렸는데 만 3세가 되어서는 조금 나아지기는 했지만 여전히 화가 나면 친구들 얼굴을 때린다. 한번 습관이 들면 고치기가 너무 힘들다. 처음 그런 행동을 보였을 때 단호하게 부모가 고쳐 줘야 하는데 집에서는 무조건 허용하기 때문에 시기를 놓쳐서 완전히 교정하는 데 시간이 오래 걸릴 수밖에 없다. 0세반 여자아이가 친구 두 명을 돌아가며 물고 통합 보육 시간에는 언니 오빠들도 물었다. 집에서 가족들을 물 때 한번 눈물 나게 혼내 주라 했고 어린이집에서도 친구를 무는 순간에 제지하며 안 된다고 고개를 저으니 바로 고쳐졌다.

바람직하지 않은 행동은 즉시 단호하게 하지 말라고 해야 한다. 부모가 도와주지 않으면 어린이집에서 훈육하는 게 쉽지 않다. 어깨를 잡고 조금만 흔들어도 아동 학대로 신고하니 어디까지가 훈육인지 교사들도 기준을 잡기가 어렵다.

만 3세 호석이는 유난히 친구들을 잘 놀린다. 뚱뚱하다고 놀리고, 얼굴이 까맣다고 놀리고, 키가 작다고 놀리고, 머리를 자른 친구에게는 대머리라고 놀린다. 친구들이 울면 "메롱" 하고 도망간다. 부모에게 이야기하면 전혀 동의하지 않는다. 집에 가서는 오히려 친구들이 놀린다고 한다. 의외로 아이들은 별 죄의식 없이 거짓말을 한다. 성장 과정에 흔히 있는 일이지만 계속 반복하면서 거짓말의 편리성을 알게 되면 아이가 거짓말쟁이가 될 수 있다는 것을 알아야 한다. 같은 연령의 여러 아이들과 함께 생활하는 교사가 부모보다 객관적으로 아이를 바라본다는 것을 믿어야 한다.

만 2세 현빈이는 친구들 장난감 뺏기 선수다. 친구가 갖고 있는 장난감은 일단 뺏고 조금 있다가 다른 친구가 갖고 있는 것을 또 뺏으러 간다. 함께하는 놀이가 익숙하지 않은 연령이지만 친구가 먼저 갖고 놀 때는 기다려야 한다고 하면 잠시는 기다릴 수 있는 연령인데 참지를 못한다. 엄마는 집에서는 장난감에 관심이 없다며 이상하다고 믿지 않는 모습이다.

> "이건 엄마 물건인데 그렇게 뺏어 가면 안 되지."
> "이게 뭔지 궁금해? 그럼 한 번 만져 보고 싶다고 부탁해야지."
> "현빈이 자동차 정말 멋있다. 아빠도 한번 다른 모양으로 만들고 싶은데 현빈이가 도와 줄 수 있어?"
> "같이 놀이 하니까 더 재미있지?"
> "어린이집에 가서도 친구들이랑 같이 놀면 재미있을 거야."
> "어린이집에 있는 장난감은 현빈이 꺼 아니지? 친구들도 놀고 싶어 하는데 어떻게 해야 할까?"
> "친구가 놀고 있으면 기다려야 해요."
> "친구야 같이 놀자 해요."

　　집에서 부모가 일부러 아이의 장난감을 갖고 놀아 보거나 부모의 물건을 아이가 뺏으러 오면 적절한 교육을 해야 한다. 교육시키면 의외로 아이들은 쉽게 수긍한다.

　　만 3세 상혁이는 어린이집 물건을 자주 집으로 가지고 간다. 주로 블록 속에 있는 작은 동물이나 사람 모형들을 가지고 간다. 본인도 어린이집 물건을 가져가면 안 된다는 것을 아니 눈치를 보며 주머니에 손을 넣고 꼼지락거리다 교사나 친구들에게 발각되곤 한다.

시간이 지나면서 더 깊숙하게 감추려 한다.

신학기 교실이 바뀌면서 새로운 교구가 신기해서 잠시 가져가지만 대부분 한두 달 지나면 괜찮아진다. 심각한 일이 아니지만 너무 오랫동안 남의 물건에 대한 개념이 없는 것은 교육시켜야 한다. 부모도 아이가 못 보던 작은 장난감을 가지고 있으면 반드시 확인해야 하고, 교사도 놀이가 끝난 뒤 아이들이 정리하는 시간에 자연스럽게 물건들을 제자리에 갖다 놓도록 교육시켜야 한다.

"여기 자동차 한 대가 없네, 선생님 정리하는 거 도와줄 사람이 필요해요. 도와주세요."

"오늘 어린이집에서 재미있게 잘 놀았어? 가방 좀 가져와 봐. 선생님이 뭐라고 써주셨는지 같이 볼까? 오늘 블록놀이 했네. 그런데 이건 뭐야? 블록이 있네. 예뻐서 가져왔구나. 이건 어린이집에서 친구들과 같이 놀아야 하니까 집에 가져오면 안 되지? 내일 어린이집에 가져다 주자. 다음부터는 상혁이 물건이 아니면 가져오면 안 돼."

만 2세 주희는 입소해서 어린이집 생활이 익숙하지 않을 때는 떼도 쓰고 큰소리로 울고 낮잠도 안 자고 밥도 잘 안 먹었는데 정말 신기하게 한 가지씩 좋아지며 적응했다. 교사가 설명을 하면 빤히 얼굴을 보며 조용히 듣고는 얼마 안 가 그 행동을 하지 않는다. 부모가 교사처럼 아이 손을 잡고 눈을 보며 설명하는 것을 알 수 있다.

"엄마랑 똑같다. 헤헤"

부모와 어린이집 교사가 협조해서 일관성 있게 도와주면 아이들의 사소한 말썽들은 곧 사라진다. 처음엔 별일도 아닌 성장 과정 중에 당연히 일어나는 작은 행동들도 방치하면 쌓여 결국은 문제 행동으로 발전하는 것이다.

다섯, 의욕이 없고 혼자 놀기를 좋아하는 아이들

어린이집에서 아이가 잘 움직이지 않고 매사 의욕이 없고 주로 혼자 노는 것을 좋아하면 주의 깊게 관찰하게 된다. 우리 어린이집은 가끔 놀이 치료 선생님을 모셔 아이들이 노는 모습을 보게 하는데, 아이들을 이해하는 데 많은 도움을 받을 수 있다. 어린이집에서 아이들과 생활하면서 또래 아이들보다 발달이 지나치게 늦거나 반드시 고쳐야 하는 문제 행동이 보일 때 부모에게 아이의 문제점에 대해 이야기하는 것이 쉽지 않다. 자칫 경험이 적거나 전달 능력이 부족한 교사의 경우 부모의 오해를 사 난감한 상황에 처하는 경우가 종종 있기 때문이다. 성장 과정 중 자연스럽게 일어나는 작은 일에도 너무 민감하게 걱정하며 마음 졸이는 부모도 난감하지만, 분명 문제가 있고 치료 시기를 놓치면 안 되는 경우 부모에게 상황을 알리는 게 쉽지는 않다. 부모가 불쾌하게 생각하거나 인정하지 않으려 해도 전문가의 관찰 기록을 참고하여 조심스럽게 상담을 하게 된다.

영아반의 경우 협동놀이를 아직 못하는 시기인데도 혼자 놀고 있는 아이를 보고 우울증이라고 진단해서 놀랬던 적도 있고, 늘 혼자 장난감을 던지며 폭력성을 보이던 아이는 오히려 조금만 함께 놀면서 반응해 주면 걱정 안 해도 된다고 해서 안심했던 적도 있다. 유난히 걷지 않으려 하고 계속 안아 달라고 기어 다니는 아이나 새로운 놀잇감이나 놀이에 반응하지 않으며 매사에 의욕이 없는 아이는 식욕도 없는 경우가 많아 걱정하게 된다. 이때는 연령이 한두 달만 차이나도 발달 정도가 다르므로 너무 조바심을 갖고 서둘러 결정을 내릴 필요는 없지만 목 가누기, 눈 맞추기, 음식 삼키기, 씹기, 걷기, 연령에 맞게 반응하고 의사 표현하기 등 결정적인 것들을 놓치면 아이는 의욕을 잃고 놀이에 재미를 느끼지 못하게 되며 때로는 장애로 발전하기도 한다.

어린이집에 다니는 아이들은 호기심도 많고 하고 싶은 것도 많은 연령으로 이때 가만히 있거나 움직이는 것을 싫어한다면 주의 깊게 살펴볼 필요가 있다. 유아가 되어서도 친구들과 같이 놀지 않고 혼자 노는 것을 좋아하면 원인을 알아볼 필요가 있다. 양보하지 않고 고집을 피우는 친구도 놀이에서 배제하지만 행동이 지나치게 느리고 놀이에 적극성을 보이지 않는 친구들도 아이들은 같이 놀려고 하지 않는다. 친구들은 같이 놀고 싶어 하는데 놀이 수준이 친구들보다 너무 높아서 친구들을 피해 혼자 놀이에 빠지는 아이도 가끔 있다.

만 2세에 어린이집에 온 수민인 기저귀를 차고 왔다. 1월생이라 친구들에 비해 체격도 크고 말도 곧잘 했는데 잘 움직이지 않고 주로 앉아서 한 가지 장난감으로 놀며 친구들이 옆에 오는 것도 싫어

했다. 기저귀가 젖어도 전혀 반응하지 않았고 심지어 젖은 기저귀를 교체하려고 하면 거부하기도 했다. 간식 시간에도 교사에게 먹여 달라며 손가락도 들려고 하지 않는다. 특별히 장애가 있거나 인지적으로 문제가 있는 아이가 아닌데 또래 친구들이 자연스럽게 수행하는 일들을 전혀 하려고 하지 않았다. 기분이 좋은 날은 자기가 선생님 손을 잡고 가서 바닥에 누워 기저귀를 빼라는 시늉을 한다. 모든 것을 부모가 다 해주는 아이였다. 부모와 상담을 하고 마침 담임 선생님 여름휴가 기간이 되어서 집에서 며칠 동안 쉬면서 기저귀도 떼고 밥도 직접 먹도록 도와주라고 했다. 아이에게는 앞으로 어린이집에 오면 화장실에 가서 용변을 보고 밥도 혼자 먹어야 된다고 이야기해 줬다. 아이는 놀랍게 변해서 어린이집에 왔다. 요술을 부린 것 같이 뭐든지 스스로 하려고 했고 대부분의 일을 수월하게 해냈다. 부모와 어린이집 교사의 훈육 방법이나 교육 내용이 너무 다르면 아이는 혼란스러울 수밖에 없다. 부모는 아이가 어리다고만 생각했는데 의외로 자기가 직접 하고 싶어 하고 기저귀 차는 것을 부끄럽게 생각하는 것을 알게 되었다고 했다.

만 3세인 수홍인 공룡과 로봇을 좋아한다. 온갖 공룡 이름을 다 알고 로봇을 조립하고 해체하는 능력이 뛰어나 교사들도 놀랄 정도였다. 하루 날을 정해 집에서 갖고 노는 장난감을 친구들에게 소개하고 같이 노는 프로그램을 운영했는데, 수홍인 그날 최고의 인기인이 되었다. 아이들은 수홍이가 가져온 공룡과 로봇을 신기해하고 조립하는 방법을 묻기도 하면서 수홍을 에워싸고 떠날 줄 몰랐다고 한다. 그러나 수홍인 로봇과 공룡 외에는 관심도 없고 잘 아는 것도 없었다. 어린이집에서의 놀이나 수업은 재미없고 친구들은 그날처럼 수홍이와 놀려고도 안 했다. 실물이 없는 상태에서 잘 모르는 로봇이나 공룡 이야기만 하는 수홍이가 아이들은 재미없고, 답답했다. 수홍이도 마찬가지였다. 공룡 이름을 중얼거리며 혼자 놀고 있었다. 어릴 때 지나치게 한 가지 물건이나 놀이, TV프로그램에 집중하는 것도 무심하게 넘겨서는 안 되는 이유이다.

 여섯, **온순하고 착해서 고마운 아이들**

어린이집에 오는 아이 중에는 정말 착하고 순해서 교사들을 전혀 힘들게 하지 않는 고맙고 미안한 아이들이 있다. 주는 대로 잘 먹고 맛있다며 더 달라고 하고 인사도 잘하며 일과 중에도 집중하며 말썽이라는 단어 자체를 모르는 것 같은 아이도 많다.

교사들은 끊임없이 울고 싸우고 다치며 말썽 피우는 아이들과 실랑이를 벌인다. 그렇기 때문에 순하고 착한 아이들에게 손길이 덜 가는 것을 미안해하고 안타까워할 때가 많다. 가끔 직원회의 때 예쁘고 착한 아이들을 격려하는 방법을 생각해 보자고 의논한다는 어떤 원장님의 의견에 전적으로 동감하는 부분이다. 착한 아이들에겐 단순한 칭찬보다는 의미 있는 격려가 필요하다. 천성이 착하기도 했지만 조금은 엄하신 외조부와 생활한 아들은 말썽을 거의 피우지 않고 자랐다.

아이가 어린이집에 다니던 어느 날 시간의 여유가 생겨 조금 이른 시간 어린이집에 간 적이 있었다. 창문을 통해 교실을 보니 아이들이 둥그렇게 앉아서 교사의 설명을 열심히 듣고 있었다. 얼마 뒤 교사가 잠시 자리를 뜨고 아이들은 자연스럽게 이동해 여기저기 흩어져 놀고 있었다. 두 아이가 교실 한가운데 남아 있었다. 아들과 친구 재민이었다. 처음엔 두 아이가 벌을 서는 줄 알았다. 둘이 이야기를 하는 것도 아니었다. 마침 나와 눈이 마주친 담임 교사가 웃으며 다가와 인사를 했다. "쟤들 왜 저러고 있어요?"했더니 "아, 참 제가 일어나라고 안 했네요.""관영이 재민이 자유롭게 놀아도 돼요" 하니 두 녀석이 그때서야 일어나 아이들 속으로 들어간다. "저 모범생들은 언제나 저래요. 제가 빨리 봤어야 하는데 또 한참 앉아 있을 뻔 했네요."하신다.

아이와 손을 잡고 집에 오며 이런저런 이야기를 하던 중 궁금해서 물어보았다.

"관영아, 다른 친구들은 다 일어나서 왔다 갔다 하는데 너하고 재민인 왜 그렇게 앉아 있었어?"
"선생님이 앉아 있으라고 했어요. 친구들이 약속을 안 지키는 거예요."
"그래도 다른 친구들이 다 일어나서 돌아다니면 선생님께 일어나도 되냐고 여쭤봐야지."
"선생님이 금방 일어나라고 해요. 약속을 안 지키면 장난감 정리하고요."
"그래도 엄마 생각엔 선생님이 다른 일하시다가 못 볼 수도 있으니까 친구들이 움직이면 선생님께 일어나도 되냐고 물어봐도 될 것 같은데 어떻게 생각해?"

왜 그렇게 해야 하는지 모르겠다는 표정으로 쳐다보는 아이의 얼굴이 너무나 편해서 안심은 했지만 걱정이 되었다. 혼자 자란 아이라 너무 수동적이고 내성적인 것은 아닌지 무능한 사람이 되면 어떡하나 별 생각이 다 들었지만 매사 의심이 없고 긍정적인 아이는 성격 좋은 사람은 된 것 같다. 아들은 이젠 어른이 됐다고 능청을 부린다. "어머니 걱정 마세요. 아들이 어머니가 생각하는 것보다 사악하고 욕심도 있는 인간으로 어머니처럼 손해만 보고 살지는 않습니다." 한다. 재민인 재활병원 의사가 되었는데 가끔 만나서 "아줌마 더 늙으면 치료도 해주고 엄마하고 같이 맛있는 것도 사주라" 하면 인심 좋은 얼굴로 대답한다.

"재활병원엔 안 오시는 게 좋고, 맛있는 건 사드리겠습니다."

어릴 때부터 정말 기특하고 신사 같은 아이였다. 어린이집부터 초등학교, 중학교까지 같은 학교에 다녔는데 특히 인사를 잘하고 존댓말을 잘 썼다. 분명히 마음으로 환자를 치료하는 좋은 의사가 될 것이라 믿는다.

0세부터 어린이집에 다닌 현수는 정말 기분 좋은 아이다. 늘 벙글벙글 웃으며 등원하고 늦게까지 어린이집에 남아 있어도 짜증 한 번을 안 낸다. 어쩌다 화가 나서 한번 울면 교사 전체가 위로한다. 현수에겐 정말 속상한 일이 생긴 것이기 때문이다.

"엄마가 오늘은 4시까지 오신다고 했는데 시간이 다 가버려서 속상해요."

6살이 된 요즈음은 2층 교실에 올라갈 때마다 원장실을 들여다 보며 인사를 하고 집에 갈 때도 꼭 인사를 하고 간다. 팔에 파스를 붙인 나를 보면 걱정스러운 얼굴로 얘기한다.

"원장님 많이 아프세요?"
"치료 잘 받으세요."

이제는 초등학교 4학년이 되었을 주인이도 생각이 많이 나는 아이다. 아빠는 말이 없고 가끔 빙그레 웃기만 했는데 엄마가 참 유쾌한 사람이었다. 집에서 특별히 공부를 시키지도 않았는데 한글도 일찍 깨우치고 특히 다도를 좋아하는 아이였다.

"어린이집에서 뭐가 좋아."
"음, 밥 맛있고, 다도 하는 거, 꽃 예뻐요."

정말 신기했다. 그리고 기뻤다. 어떻게 어린아이가 내가 어린이집을 운영하면서 가장 중요하게 생각하는 것을 이렇게 정확하게 알아낼 수 있을까? 아동 학대로 온 나라가 시끄러울 때 집에서 식구들이 장난으로 "너희 어린이집 선생님도 친구들 때리니?" "선생님이 밥 먹을 때 야단치시니?" 하면 아이는 이렇게 대답했다.

"그런 말 자꾸 하지 마, 우리 선생님 안 그렇단 말이야"

초등학교에 들어간 뒤 어린이집에 놀러 온 날이었다.

"학교는 재미있니?"
"네, 아주 재미있어요. 그런데 밥은 맛이 없어요."

　여전히 아이는 긍정적이면서 판단력도 정확했다. 온순하고 착한 아이들이 손해 보는 세상이라고 생각하면 안 된다. 어른이 되어서도 맑고 깨끗한 사람이 될 확률이 높다. 단지 아이가 칭찬받기 위해서 혹은 표현을 잘 못해서 억지로 참고 있는 것은 아닌지를 살피는 것은 어른들이 할 일이다.

일곱, 잘 웃고 양보할 줄 아는 아이들

　늘 웃으며 어린이집에 오는 아이도 많다. 본인은 물론 부모와 어린이집 교사 모두를 행복하게 해준다. 가끔 울거나 떼쓰면 아이가 정말 속상한 이유가 있는 것이기 때문에 달래 주면 금방 울음을 멈추고 평상시처럼 생글거린다. 어린이집에서의 아이들 생활도 어른들의 일반 사회생활과 별반 다르지 않다. 잘 웃는 아이들은 대개 밥도 잘 먹고 건강하며 명랑하고 친구들과 좋은 관계를 유지한다.

　자유선택활동 시간에 아이들을 보면 인기 있는 아이와 혼자 노는 아이 심지어 싫어하는 아이가 금방 구별된다. 교사가 적절히 개입해서 원만하게 놀이가 진행되도록 도와주지만, 놀이 시간마다 영역을 선택 못하는 아이도 있고 심지어는 먼저 좋아하는 영역을 선택했는데 오히려 밀려나는 경우도 있다. 어떤 아이는 친구들이 서로 데려가려고 팔을 잡아끌어 아이가 곤란해 하기도 한다. 아이들도 잘 웃고 명랑하며 유능한 친구를 좋아한다. 천성이 착하고 명랑하며 긍정적인 아이들도 많지만 하루 종일 생활하는 곳이다 보니 어린이집 생활이 익숙한 아이들이 유능해 지는 경우가 많다.

만 5세인 영준이처럼 아주 어릴 때부터 어린이집에 다녀 어린이집 생활을 능숙하게 해서 교사로부터 칭찬을 많이 받고 친구들에게도 인기가 많은 아이가 있다. 질서도 잘 지키고 규칙도 잘 이해하며 심지어 교사의 성향까지 잘 파악하고 새로 온 친구들을 도와주며 교사의 조교 노릇을 자청하기도 한다. 어린이집에 오래 다녔다고 다 영준이처럼 생활하지는 않는다. 지호는 영준이처럼 0세부터 어린이집에 다녔는데 연령이 올라갈수록 교사의 말을 듣지 않고 늘 장난치고 말썽 피우는 일에 앞장선다. 영아반 때 담임이었던 교사가 유아반 담임을 다시 맡았을 때 더 심해져 교사를 힘들게 한다. 교사를 엄마처럼 생각해 어려워하지 않고 장난치며 야단을 쳐도 노여워하지 않는다. 아이들은 영준이와 지호 중에 마음에 드는 아이를 선택해 작은 그룹을 만들어 논다.

가끔 매력적인 친구가 새로 들어오기도 한다. 외모가 뛰어난 경우도 있고 특별한 재능이 있는 경우 아이들이 부러워하며 같이 놀고 싶어 한다. 드물게는 아주 단호한 친구에게 매력을 느껴 함께 놀며 장난꾸러기 친구들로부터 자신을 지키기도 한다. 아이들 나름대로 치열한 사회 생활을 하며 함께 사는 곳이 어린이집이다.

아이들이 제일 좋아하고 같이 놀고 싶어 하는 아이는 잘 웃고 양보를 잘하는 아이다. 몇 년 전에 어린이집에 인기 많은 선주와 현영이라는 여자아이 두 명이 같은 반에서 쌍벽을 이루며 생활을 했다. 두 명 모두 말도 잘하고 그림도 특출나게 잘 그리며 암벽 등반까지 잘해 모든 아이들의 선망의 대상이었다. 어느 날 아이들과 산책을 나갔는데 학기 초와 다르게 아이들이 선주에게 많이 몰려서 놀고 있었다. 궁금해서 물어보니 한 아이가 친구들이 선주를 더 좋아한다고 했다. 자신의 생각을 좀 더 똑 부러지게 표현하는 현영이가 아이들은 양보를 하지 않는다고 느끼고 부담스러웠던 것 같다.

"원장님, 선주는 양보를 잘하고 현영인 양보를 안 해요."
"현영아, 친구들이 하고 싶어 할 때는 양보해 줄 수 있지?
현영이가 도와주면 친구들이 고마워할 거야."
"선주는 늘 친구들에게 양보를 잘 하는구나. 그렇게 양보만 하면 속상
하지 않아? 선주가 하고 싶을 때는 먼저 하고 양보해도 괜찮아. 선주가
원래 양보를 잘해서 친구들이 이해할 거야."

혹시 아이가 칭찬 받기 위해 참고 양보하는 거라면 어른들이 마음을 헤아려 줘야 한다.

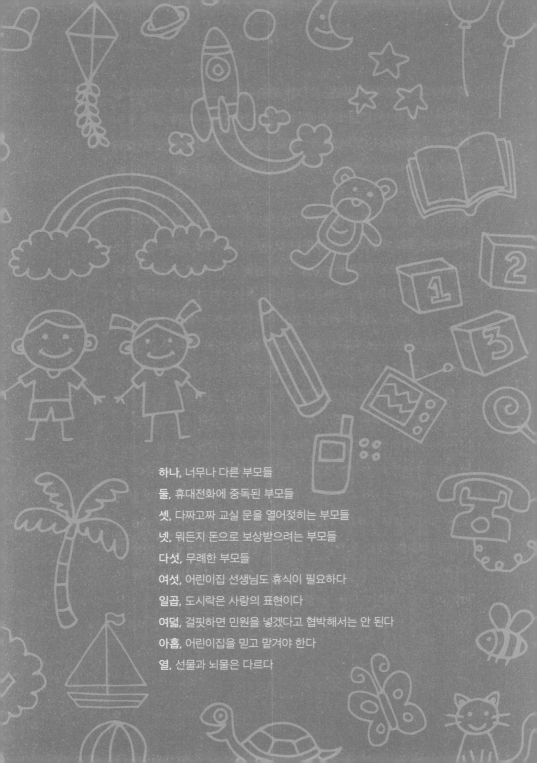

나도 모르는 사이 어린이집에서
다시는 만나고 싶지 않은 부모가 될 수 있다

 하나, 너무나 다른 부모들

아이들만큼이나 다양한 부모들이 어린이집에 온다. 늘 웃으며 오는 부모, 유쾌한 목소리로 인사하며 들어와 어린이집을 활기차게 하는 부모, 화가 났는지 교사와 눈도 안 마주치려 하고 교사와 마지못해 인사하는 부모, 시간에 쫓겨 아이만 밀어 놓고 가는 부모, 하루에 한 가지라도 부탁 안하면 관심 없는 부모로 여길까봐 매일 부탁하는 부모, 어린이집 다닌 지 일 년이 넘었는데도 교실 밖에서 가지 못하고 한참을 지켜보는 부모, 아이와 이별하는 데 족히 20분은 걸리는 부모, 아이가 우는데도 뒤도 안 돌아보고 가는 부모, 올해 담임하고 이야기하지 않고 작년 담임하고 이야기하는 부모, 민원 넣는 게 취미인 부모, 아이 이야기만 하면 눈물 보이는 어린 부모, 하루에 전화 여러 번 하는 부모, 어린이집에서 하는 전화는 안 받는 부모, 가정통신문을 제대로 읽는 적이 없는 부모, 보육료 결재는 전화해야 하는 부모 등 아이들만큼이나 다양해서 적응하는 데 시간이 필요하다.

어린이집에서 좋은 부모를 만나는 것은 이제 착하고 온순한 아이를 만나는 것만큼이나 행운이다. 까다로운 부모 한두 명만 있어도 교사는 일 년 내내 힘들어하다 다음 해애 사표를 내는 경우가 허다하다. 아이가 힘들게 하는 것은 부모가 조금만 도와주면 얼마든지 극복할 수 있다. 오히려 아이가 적응하는 모습을 보면 기특하고 교사로서 보람도 느끼기 때문이다. 허나 매사에 감시하듯이 따지고 트집을 잡으며 어린이집에 와서 화풀이하는 부모는 정말 만나고 싶지 않다. 그렇게 불안하고 걱정되면 본인이 집에서 보지 왜 어린이집에 보내는지 이해할 수 없다는 불평이 나오는 이유다. 물론 그런 불만을 털어놓던 교사도 결혼해서 아이를 낳고 아이를 어린이집에 보내면 부모들 걱정이 이해되는지 태도가 달라지긴 한다.

부모들도 아이와 똑같이 적응하는 시간이 필요한 것 같다. 특히 첫아이를 보내는 부모들은 힘들어하지만 둘째 아이를 보낼 때는 여유가 생기는 것을 보면 알 수 있다.

부모에 조부모까지 합세하면 최악이다. 아이 한 명 키우는데 마을 전체가 필요하다지만 수시로 부모에 조부모, 고모, 삼촌, 이모,

도우미까지 동원되어 하원을 시키다 보니 요구사항도 매번 달라진다. 아이도 영리하게 자신이 유리한 방향으로 태도를 바꾼다. 등하원 시간을 기록해야하는 요즘에는 매번 설명하는 일이 쉽지가 않다. 다른 어린이집은 교사가 써준다며 거부하시기도 하는데 나중에 허위 기록으로 문제가 될 수 있으니 부모들이 직접 기록해야 한다. 쓸데없는 일을 만들어 교사들 힘들게 하는 보건복지부에 항의해야 하는 부분이다. 아동 학대나 급식 문제가 보도되면 느닷없이 어린이집에 전화해서 호통치시는 조부모도 난감하지만 교사 면전에다 버럭 소리지르는 조부모 때문에 우는 교사도 적지 않다.

"뉴스에 난 것 봤슈? 똑바로 해요."
"만약 이 어린이집에서 그런 일 있으면 가만 두지 않을 거요."
"어린이집은 믿지만 그래도 잠이 안 오네요."
"교사 교육은 시키시지요?"
"세상에 어떻게 그런 일이 있어요?
"몸이 막 떨려서 잠이 안와요."
"속상하시죠? 저희는 어린이집 믿어요. 걱정하지 마셔요."
"아동 학대는 저희가 하지요. 하하하."
"그딴 거 왜 물어보냐고 아이한테 혼났어요."
"아이한테 물어봤더니 엄마나 때리지 말라고 해요 호호."
"시골 할머니께서 그런 뉴스 나서 원장님이랑 선생님들 속상하시겠다며 옥수수 보내셨어요."

같은 어린이집에서 같은 교사와 사는데도 바라보는 부모의 마음이나 태도는 이렇게 다르다. 부모가 불안해하면 아이도 불안해지고 적응이 늦어질 수밖에 없다. 아들이 백일 지난 딸을 아무런 망설임 없이 어린이집에 보내며 하던 이야기가 생각난다.

"어린이집은 공개된 공공 교육기관이잖아요"

부모가 편안한 마음으로 보내는 경우 아이가 잘 다치지도 않는데 조바심치며 보내는 부모의 아이는 신기하게 잘 다친다. 집에서도 걱정되어 부모가 다 해주고 아이가 스스로 해본 것이 없으니 대처능력이 떨어질 수밖에 없는 것이다.

 둘, **휴대전화에 중독된 부모들**

두 아이를 어린이집에 보내는 전업주부인 지연이 엄마는 늘 손에서 휴대전화를 놓지 못한다. 아이와 함께 등원할 때 아이가 신을 벗고 들어와 선생님과 인사하는 동안에도 휴대전화에서 눈을 못 뗀다. 당연히 인사도 하는 둥 마는 둥 교사와 눈도 안 마주친다. 어떤 날은 하원할 때 교실 문 앞에 서서 두 아이가 외투를 다 입고 가방을 멘 뒤 교사와 인사까지 하고 기다리는데 10분이 넘게 통화를 한다. 옆에서 들으면 그냥 친구랑 이야기하는 거다. 둘째 아이가 입학해 1주일간 적응 훈련하는 기간에도 아이한테 눈길 한번 제대로 주지 않고 의자에 앉아 휴대전화만 보고 있다 갔다. 아이도 엄마가 휴대전화만 보는 게 익숙한지 특별히 놀아 달라고 하지 않고 혼자 놀다 다른 아이들이 부모와 노는 것을 쳐다보며 시간을 보냈다. 하루 종일 떨어져 있다 다시 만나는 하원 시간이 아이에겐 얼마나 소중한데 마음이 아프다. 결국 아이도 조만간 휴대전화나 게임에 빠질 수밖에 없는 환경을 부모들이 만들어 주고 있는 것이다.

만 2세인 영아가 토요일마다 등원했다. 엄마가 출근하는 건 알고 있었고 분명히 아빠는 토요일에 근무하지 않는데 아이는 등원을 했다. 전날 엄마가 내일은 등원하지 않는다고 했는데도 아빠가 계속 아이를 어린이집에 데려다 주고는 문 닫을 시간에 임박해서 아이를 데려갔다. 교사들 이야기로는 아빠가 오락실에 있다 오는 것 같다고 했다. 어떤 날은 하원 시간이 지나서 헐레벌떡 오기도 하고 올 때마다 담배 냄새가 너무 심해 아이가 걱정되었다. 아이에겐 영 관심이 없는 아빠가 보는 것보다는 어린이집에서 돌보고 먹이는 게 더 나을 것 같아 상반기를 그냥 보냈는데 조금도 나아질 기미가 안 보였다. 엄마와 면담을 하니 역시 아빠가 게임 중독이었다. 지방에 계신 부모님이 오셔서 함께 살면서 아이의 토요일 등원이 끝나고 얼마 있다 이사를 했다.

강남의 고급 레스토랑에 점심 초대를 받은 적이 있다. 이제 나이가 드니 음식도 많이 못 먹고 사실 먹고 싶은 음식도 별로 없다. 단지 보고 싶은 사람들을 만나 이야기하며 좋은 시간을 보내는 것이 주목적이니 너무 비싼 음식은 부담스럽다. 선후배가 오랜만에 만나 음식 주문하고 안부를 주고받고 있는데 눈에 띄는 가족이 식당 안으로 들어와 바로 앞자리에 앉았다. 노부부와 중년 부부, 10대로 보이는 손자와 20대 손녀까지 잘 차려입은 6명의 가족이 식당에 들어와 자리를 잡고 와인을 곁들여 식사하는 모습을 우연히 지켜보게 되었다.

아이들은 자리에 앉자마자 휴대전화를 들고 게임을 하는지 한 손으로 음식을 먹으며 고개를 한 번도 들지 않았고, 중년 부부도 포크와 나이프를 쓸 때를 빼고는 휴대전화를 거의 손에서 놓지 않았다. 노부부는 가끔 서로 음식을 권하며 물끄러미 아이들을 쳐다보다 식사가 끝났다. 음식도 거의 먹지 않았고 와인 잔도 비워지지 않았다. 가족들이 주고받은 대화는 거의 없었다.

연인들도 만나면 휴대전화만 쳐다보다 가는 세상이니 새로울 것도 없다 할지 모르겠지만 갑자기 무섭다는 생각이 드는 건 왜일까? 최소한 어린 자녀들 앞에서 만이라도 휴대전화 사용을 최소화하고 부모가 게임하는 모습만큼은 보여 주지 않아야 한다. 아이와 눈을 마주치며 이야기할 시간이 생각보다 길지 않다. 초등학교만 들어가도 같이 놀자고 안한다. 지금 좋은 추억을 많이 만들어야 하는 이유다. 아이에게 휴대전화 사용이나 게임을 전혀 하지 말라고는 할 수 없으나 최대한 시기를 늦추고 적게 하도록 하는 것이 부모의 의무다.

 셋, **다짜고짜 교실 문을 열어젖히는 부모들**

만 2세가 되면 아이들은 본격적으로 자신의 생각을 표현하기 시작한다. 싫다, 좋다는 물론 내 것에 대한 애착이 심해져 놀잇감을 갖고 곧잘 친구들과 분쟁을 일으킨다. 정상적인 성장 과정이다. 자동차를 갖고 노는 민수를 밀치며 진우가 자동차를 빼앗아 돌아 앉았다. 당연히 민수는 진우에게서 다시 자동차를 가져왔고 이 과 정에서 진우 얼굴에 약간의 붉은 자국이 생겼다. 교사는 두 아이에 게 충분히 설명을 하고 두 아이는 서로 안아 주며 화해했다. 하원 시 진우 엄마에게 이야기를 하자 화들짝 놀라며 아이 얼굴을 살피 던 엄마는 이미 붉은 기가 가신 얼굴을 보더니 별다른 말을 하지 않 고 돌아갔다. 다음 날 아침 진우 아빠가 교실 문을 확 열고 양손을 허리에 얹은 채 소리를 질렀다.

"누구야, 나와 어제 진우 때린 놈."

주위에서 부러워하는 전문직에 종사하는 진우 아빠는 한참을 씩씩거리다 원장의 중재로 돌아가며 협박을 보태고 갔다.

"한 번만 더 진우 건들면 가만 안 둘 거야."

두 아이를 어린이집에 보내는 어떤 아빠는 민원을 하도 많이 내 서 구청에 전화하면 담당 공무원이 금방 목소리를 안다.

"안녕하세요? 아버님 이번엔 무슨 일이신가요?"

민원 넣고 어린이집 옮기기를 반복하며 집 근처 어린이집을 순 회하다 결국은 다른 구로 옮겨 갔다. 이런 부모는 차라리 민원 넣고 다른 어린이집으로 옮겨 가는 것이 고마워질 정도다.

만 1세반 아이가 자기 아이에게 장난감 던졌다고 고소하겠다는 아빠, 어린이집 일을 매번 구의원에게 이야기하는 어처구니없는 아빠, 어린이집 올 때마다 현관에서 소리 질러 아이를 데려가는 아빠, 아빠들의 육아 참여가 예전보다 활발해지면서 흔히 볼 수 있는 장면이다. 양성평등 교육을 하는 세상에 아빠들의 모습을 한정지어 설명해서는 안 되지만 작은 일에도 예민하게 반응하며 행패 부리는 수준으로 어린이집에 쳐들어오는 아빠들을 보면 이젠 아이들이 아닌 교사들을 위해서 어린이집에 CCTV가 필요하다는 생각이 들수밖에 없다. 좀 더 큰 틀에서 세상을 보며 대범하게 행동하시던 예전 아버지들의 모습을 이젠 누구에게 기대해야 할까?

세상이 온통 눈앞에 보이는 현상에만 머무는 것 같다. 미래라는 단어는 책 속에만 있는 듯 조금의 손해도 불편함도 용납하지 않는 빡빡한 어린이집 생활에 원장도 교사들도 지쳐 가고 있다.

넷, 뭐든지 돈으로 보상받으려는 부모들

어린이집에서는 아이들이 어리다 보니 혼자 다치기도 하고 아이들끼리 싸움도 잦아 작은 상처가 나기 마련이다. 최근엔 유아들뿐만 아니라 영아들 사이의 싸움에도 고소 운운하며 보상비를 요구하는 부모들 때문에 시끄러운 어린이집도 많다. 걸핏하면 정신적 보상비를 내라며 부모들끼리 다투니 어린이집 입장에선 보통 난감한 게 아니다.

0세반에 다니는 미연이 아빠가 미연이를 꼬집은 아이 부모의 전화번호를 요구해서 알려줄 수 없다고 하자 고소를 하겠다고 협박을 하며 보상금을 요구하는 일이 있어 난감했었다. 다행인지 불행인지 마침 미연이가 다른 아이의 볼을 물어 볼에 이빨자국을 선명하게 남겨 해결되었던 사건이 있었다.

자유선택활동 중 만 3세 아이가 심하게 뛰어다니며 친구들을 괴롭히고 말을 듣지 않아 교사가 볼을 살짝 만지며 제지했는데 아이가 집에 가서 선생님이 꼬집었다고 이야기했다. 부모는 아이가 충격을 받았다며 놀이 치료 20회분인 100만원을 교사에게 요구했다. 알고 보니 이미 과잉행동장애 때문에 정기적으로 놀이 치료를 받고 있는 아이였다. 정확한 진단서를 요구했더니 없던 일로 하자며 한 발 물러섰다.

만 1세 아이가 점심을 먹고 쉬고 있던 중 잠시 졸았는지 고개를 떨구며 얼굴을 책상에 박아 입술 안쪽에 작은 상처가 생겼는데 병원에 갔더니 괜찮다고 해서 치료도 하지 않고 돌아왔다. 옆에서 밀친 사람도 없고 혼자 앉아 있다 생긴 일로, 병원에 동행한 엄마도 분명히 의사에게 아무 문제가 없다는 이야기를 듣고 왔다. 그런데도 지속적으로 아이가 다쳐 음식도 제대로 못 먹는데 어린이집에서 보상을 안 해 준다며 교사에게 불평을 했다. 아이는 분명 다음 날부터 어린이집에서 급식, 간식을 정상적으로 먹었는데 엄마는 섭섭하다니 교사가 어찌할 바를 몰라 원장도 모르게 아이 간식거리를 사서 줬다는 이야기를 나중에 알게 되었다고 한다.

만 3세 아이가 급식 시간에 국그릇에 팔꿈치를 담가 1도 화상을 입었다. 어린이집은 국이나 찌개를 끓일 때 화상을 예방하기 위해 불을 끈 뒤 뚜껑을 열어 김을 빼고 국그릇에 담기 때문에 위험하지 않다. 보통 1도 화상은 피부가 약간 불그스름해져서 2~3일이 지나면 자연치료 되는데도 엄마는 처음부터 여자아이인데 소매 없는 옷도 못 입겠다고 성형 수술을 운운하며 보상비를 요구했다. 원장이 엄마와 병원에 가서 진단을 요구하니 의사는 엄마 얼굴을 빤히 쳐다보며 말했다.

"10살이 되어서도 빨개진 게 그대로 있으면 그때 성형 수술을 하시지요."

어린이집 근처 종합병원에서 문제 없다는 진단을 받았는데 굳이 S병원에 가서 다시 진찰하고 택시비까지 신청하는 부모들이 주말에 집에서 아이가 넘어져 심하게 다쳤는데도 병원에 안 간다는 건 아이한테 들어서 다 안다. 뭐든지 어린이집 탓으로 돌리지 말고 조금만 이해해주자. 아이가 조금만 다쳐도 원장, 부모 눈치 보랴 교사들은 늘 가슴이 뛰고 안절부절못한다. 생활 중에 일어나는 작은 상처나 분쟁들을 서로 이해해주고 위로해 주면 교사들은 아이에 대한 사랑으로 반드시 보답할 것이다.

다섯, 무례한 부모들

0세부터 어린이집에 다닌 지아는 항시 옷을 너무 껴입고 와서 땀을 뻘뻘 흘린다. 영아들은 교실도 따뜻하고 잠자는 시간이 대부분이라서 가볍게 내복만 입혀도 된다고 이야기해도 엄마는 옷을 4겹씩 입혀 보내며 고집을 굽히지 않았다. 출근하면서 몇 번이고 벗기면 안 된다고 당부까지 하니 벗길 수가 없었고 아이는 갑갑해서 낑낑대며 짜증을 내곤 했다. 어느 날 아이가 너무 답답해서 옷을 벗긴 교사가 깜짝 놀라 뛰어왔다. 아이 배가 이상하다는 거다. 확인해 보니 목욕을 너무 안 시켜 각질이 덮혀 있었다.

어린이집 위생 상태엔 그렇게 예민한 부모들이 아이를 제대로 씻기지 않고 어린이집에 보내는 일은 이젠 놀라운 일도 아니다. 머리가 너무 떡 져서 빗질이 안 되기도 하고 손톱이 갈퀴처럼 되어도 그냥 보낸다. 어떤 아이는 아침마다 세수를 안했다며 어린이집에 오자마자 세면대로 가서 서 있기도 한다. 옷은 언제 빨았는지 냄새가 나고 양치도 하지 않아 뽀뽀도 할 수 없는 아이도 많다.

어린이집 가방을 졸업할 때까지 한 번도 세탁하지 않아 정기적으로 세탁하라고 가정통신문을 보내는 어린이집도 많다. 2주에 한 번 보내는 이불을 세탁도 안하고 그대로 보내고 시치미 떼기도 한다. 맞벌이로 바쁜 것을 이해한다 해도 이건 아동 학대 수준이다. 서울 한복판 고급 아파트가 있는 동네 어린이집 이야기다.

오래전 인터넷 채팅에 빠진 엄마가 0세 아이를 버리고 집을 나가자 아빠가 혼자 아이를 키웠는데 아침마다 교사들이 감동하곤 했다. 아이한테서는 언제나 향긋한 냄새가 나고 옷도 깔끔했으며, 가방엔 예쁜 여벌 옷도 꼭 챙겨서 보내곤 했다. 이런 기특한 아빠가 있는 반면 게을러서 자기 아이도 제대로 못 돌보면서 어린이집에 와서 무례하게 행동하는 부모가 점점 느니 아이들이 가여울 뿐이다.

만 2세 수지 엄마는 일주일에 2~3번은 술을 먹고 아이를 데리러 온다. 엄마는 천연덕스럽게 오는데 오히려 아이는 교사와 친구들 눈치를 보며 안절부절이다.

"또 술 먹었어, 안 먹는다고 했잖아."

어린이집이나 유치원 대상으로 캠프나 수영장 등을 운영하는 어떤 분은 주말에는 일반 관람객들을 받는데 아이 데리고 오는 부모들을 때려 주고 싶다고 한다. 아이 기저귀를 벗겨 테이블에 펼쳐 놓는 것은 다반사고 오줌까지 음료수 병에 받아 그냥 놓고 간단다. 바로 앞에 화장실, 샤워실이 있는데 생수병 물로 아이를 목욕시켜 바닥에 물을 흥건하게 해서 사람들을 미끄러지게 만들기도 하고, 음식물 쓰레기를 잔뜩 버리고 가는 바람에 골치가 아프다고 한다. 앞으로 아이를 데리고 오면 출입을 금지시키는 곳이 늘어날 것 같다. 국민 전체 학력 수준은 세계 최고인 대한민국이 부모 수준까지 최고가 되는 날이 오기를 소망할 뿐이다. 학교 문턱에도 못 가 본 예전 어머니들의 지혜를 반이라도 배웠으면 좋겠다.

어린이집에서 하는 작은 발표회에 외가, 친가, 온 가족 다 데리고 와서 자리다툼으로 발표회 분위기 망치는 부모들, 부모들끼리 만든 단톡방에서 싸우다 분이 안 풀려 어린이집 현관에 아이들 세워 놓고 싸우는 부모들, 아이가 싫다는 건 절대 먹이지 말라 해놓고 왜 안 먹었냐고 따지고, 우리 아이 성향과 선생님 교육 방식이 안 맞는 거 같으니 교육 방법을 바꾸라는 부모들, 오전, 오후에 학원 다니게 해달라고 떼쓰고 처음부터 문제 행동을 보였던 아이인데 어린이집 다니며 심해졌다며 책임지라 하는 부모들까지 요구하면 다 들어줘야 되는 곳으로 착각하는 부모들로 어린이집은 항상 말도 많고 탈도 많다.

어린이집에는 조부모가 많이 오신다. 특히 우리 어린이집은 주택가에 위치해서 조부모의 도움을 받는 집이 많다. 예전과 달리 부모들 못지않게 조부모들이 교사들을 많이 어렵게 한다. 교사들이 딸이나 손녀뻘이니 허물없이 대하는 경우가 많고, 어리다고 생각하셔서인지 반말은 예사고 심지어 교사를 야단치시는 분들도 많다. 교사에게 문제가 있다고 생각하면 원장에게 건의해서 개선하면 되는데 어린 손녀 앞에서 교사를 나무라니 난감하다. 조부모를 위한 프로그램을 만들어 운영하는 어린이집이 점점 늘어나는 이유다.

물론 좋은 분들도 많으시다. 오래전에 한 할아버지가 어린이집에 찾아오셔서 손자를 입학만 시켜 주면 어린이집에서 원하는 거 다 들어준다면서 약간의 협박을 곁들여 회유하신 적이 있다. 구청장도 잘 알고 어린이집에 뭐든지 해줄 수 있다고 하시며 은근히 재력도 자랑하시며 매일 출근하시다 시피 오셔서 조르셨다.

"할아버지, 국공립어린이집은 정해진 순서에 의해서 입소할 수 있어요.

매일 오서서 조르신다고 들어올 수 없습니다. 구청장님 손자도 순서가
안 되면 못 들어옵니다. 순서가 될 때까지 기다리셔야 합니다."

결국 순서가 되어서 손자가 어린이집에 다니게 되었는데 평소 친
정아버지가 어린이집에 거짓 공약을 한 것을 아는 아이 엄마는 "아
버지 어린이집에 뭐든지 해 준다며 뭐 해 줄 건데."라며 놀렸고 어쩌
다 할아버지는 길에서 원장을 마주치면 황급히 피하기도 하셨다. 그
래도 가끔 어린이집 앞에서 담배 피는 사람을 보면 호통쳐서 보냈고
수상한 사람이라도 기웃거리면 가차 없이 내보내며 어린이집을 지켜
주시는 귀여운 할아버지라 지금도 가끔 생각나서 혼자 웃곤 한다.

손자, 손녀를 5명이나 키우는 할머니가 계셨다. 4명의 딸들이 모
두 직장에 다니는데, 한동네에 모여 살며 친정어머니에게 아이를 맡
긴 것이다. 할머니는 아이를 유모차에 태우고 어린이집, 유치원을
돌며 등하원을 시켰는데 참 유쾌한 분이셨다.

"도대체 시집을 간 건지 뭔지 힘들어 죽겠네. 어린이집 없었으면 내
가 이 아이들을 어떻게 보겠어. 정말 이런 어린이집이 있어서 너무 고
마워요"

현관에 할머니가 도착해서 밝은 목소리로 하는 인사는 항상 어
린이집의 아침을 기분 좋게 해주셨다. 교사들은 할머니의 수고를
조금이라도 덜어 드리고 싶어 아이들을 일찍 맡기고 천천히 데려가
라고 열심히 권하곤 했다.

어린이집에 오시는 조부모들의 모습은 아이들만큼 다양하다.

정말 민망할 정도로 예의를 갖춰 인사하시는 신사적인 할아버지가 있는가 하면 어린이집에 올 때마다 화를 내고 짜증을 내는 분들도 있다. 뭐가 그리도 못마땅한지 어린이집 전체를 감시하듯이 살펴보며 막무가내로 할 말만 하시고 교사 이야기는 들은 척도 안 한다. 심지어 어린 손녀, 손자 보는 앞에서 선생님에게 소리 지르는 몰상식한 행동을 하시기도 해 교사들을 질색하게 한다.

데굴데굴 구르며 떼쓰는 손자 어깨를 잡고 달랬다고 구청장과 감사실에 민원을 넣어 구청을 발칵 뒤집어 놓은 분도 있고, 교사가 손녀를 꼬집었다며 동네 구의원 친구에게 일러 시끄럽게 했다가 결국은 아이가 거짓말한 것으로 밝혀져 사과하셨던 분도 있다. 아이의 얼굴이나 몸에 난 작은 상처도 용납 못하고 전부 어린이집 탓으로 돌리는 분들이 데리고 오는 아이들을 맞이하는 교사들은 등하원 때마다 몹시 바쁘다. 일일이 이건 집에서 긁힌 거고 어제 올 때도 다리에 모기 물린 자국이 있었고 눈 밑이 붉은데 왜 그러냐는 등 자세히 이야기 하고 확인 받지 않으면 언제 어떤 불똥이 튈지 모르기 때문이다. 어떤 분은 분명히 집에서 다친 거라고 본인이 말씀하시고도 시치미를 떼셔서 교사를 울리기도 하신다.

예전 어른들은 젊은 부모들이 아이 때문에 절절매면 아이들은 싸우고 다치면서 크는 거다, 그렇게 다 해주면 안 된다 하시며 의연하게 대처하셨는데 요즈음 조부모들에게는 그런 여유가 없어 보이는 것은 사회가 달라졌기 때문인가?

조부모들 중 어린이집에 와서 유난히 까다롭게 트집을 잡는 분들을 보면 원래 성격 자체가 그러신 분들도 있지만 대개 자식들 눈치 보시는 분들이 그런 경우가 많다. 그래서 모든 것을 어린이집 때문이라고 핑계 대시는 거 같아 아이들을 돌보면서 자식 눈치까지 보는 게 안타까울 때도 있다. 아이 양육을 조부모에게 맡기면서 자식 눈치를 보게 하는 것은 노인 학대로 사회적인 문제라고 생각한다.

아이는 맹목적인 사랑으로 키우는 게 아니다. 조부모에게 아이 양육의 도움을 받을 때는 부모가 먼저 모범을 보여 아이들이 조부모에게 함부로 하지 않게 해야 하며, 부모부터 감사함을 표시하고 조부모의 양육 방식도 존중하여 마음을 편안하게 해드려야 할 것이다. 공부를 많이 하지 않아도 지혜로웠던 예전 부모들의 따뜻하면서도 엄한 양육 방식이 필요하다는 생각을 다시금 하는 요즈음이다.

여섯, 어린이집 선생님도 휴식이 필요하다

공휴일 외에는 쉬는 날이 없는 어린이집. 휴가철이면 매번 구청엔 민원이 들어가고 매스컴에서는 약속이라도 한 듯 어김없이 맞벌이 부모의 어려움을 방송한다. 대통령부터 솔선수범해서 휴가를 간다는데 항상 어린이집 교사들은 부모 눈치를 봐야 하는 것이 안타깝다. 많은 어린이집이 방학은 아니더라도 한 주 몰아서 교사가 쉬기를 원하지만 부모의 동의를 얻기가 쉽지 않다. 손녀 아이도 가정 어린이집에 다닐 때는 인원이 적으니 협조를 얻어 한 주를 방학처럼 쉬었고 그때는 할머니가 책임지곤 했다.

어린이집 입장에서는 교사 전체가 함께하는 연수도 가능하고 무엇보다도 교사가 여러 주 나누어서 휴가를 가다 보면 통합 교육을 하게 되어 수업도 정상적으로 진행하기 어렵다. 아이들 안전도 걱정되어 불가피하게 부모들에게 휴가 계획에 대한 수요 조사를 하게 되는데 부모들은 조사 자체를 부담스러워하며 민원을 넣는 거다. 유치원, 초등학교 방학은 당연하게 생각하면서 유독 어린이집 교사 휴가에 야박하게 대응하니 섭섭할 수밖에 없다. 교사도 한 가정의 일원이며 어머니고 아내다. 수요를 조사해서 적절히 교사 배치를 하려는데 협조하지 않는 이유를 모르겠다. 심술부리듯 휴가 계획 없다고 체크해서 보내고 간다.

오래전부터 우리 어린이집은 교사 휴가를 교사가 원할 때 보내준다. 평상시에는 대체 교사 구하기도 수월하고 굳이 번거롭게 수요 조사를 하지 않아도 되니 오히려 마음이 편하다. 어린이집에서는 담임의 휴가 계획을 미리 부모들에게 알려 준다. 예민한 아이들은 등원 거부를 할 때도 있어 부모의 도움이 필요하기 때문이다. 꼭 아이를 보내지 말라는 의미가 아니다. 맞벌이 부부의 경우 어쩔 수 없는 상황이라는 것을 이미 알고 있기 때문에 눈치 보며 보내지 않아도 된다. 다만 분명히 맞벌이 부모가 아니고 조부모도 계시며 휴가 내서 출근도 하지 않고 집에 있으면서 담임이 휴가 중인데도 아이를 보내는 부모들에게는 섭섭한 마음을 가질 수밖에 없는 거다.

어린이집에서 수요 조사를 하는 경우는 대개 여름휴가와 5월 1일 노동자의 날이다. 겨울휴가는 짧게 나누어서 가는 경우가 많아서 특별히 수요 조사를 하지 않는다. 노동자의 날에는 가급적 협조하여 교사들이 근무하지 않게 도와주기를 바란다. 보건복지부에서 관리하는 어린이집 교사가 그날 근무를 하게 되면 반드시 상향된 임금을 주거나 평일에 휴무를 줘야 하는데 교사들은 평일에 쉬는 것을 선호하기 때문이다. 요즘은 오리엔테이션 때 미리 협조를 구하는 어린이집도 있다.

사실 어린이집이 정말 힘들 땐 2월 말이다. 어린이집은 졸업을 하고도 2월 말까지 보내는 부모들이 대부분이기 때문에 교사들은 신학기 준비를 할 시간이 없다. 반 배정이 되면 교실 환경 정리에 각종 부착물 제작에 수업 준비 등 할 일이 너무 많은데 아이들을 데리고 생활하면서 모든 준비를 해야 하기 때문이다. 2월 마지막 주에는 어린이집 방학이 필요하다. 얼마 전 어린이집 교사 임신 문제가 기사화된 적이 있다. 원장이 교사의 임신 시기에 대해 강요한 일이었는데 어린이집 입장도 교사 입장도 딱하긴 마찬가지다.

특히 아이를 돌보고 가르치는 직업인 어린이집 교사가 마음대로 임신도 할 수 없다면 이건 인권 유린에 해당된다고 할 수 있다. 예전 우리 어린이집의 경우 한 해에 3명이 임신 한 적도 있고 올해도 3월에 한 명, 4월에 한 명 출산 휴가에 들어갔다. 학기 중에 담임이 바뀌면 당연히 부모들이 싫어하기도 하고 별난 부모는 임신한 교사는 싫다고 민원을 넣기도 한다. 올해는 평가 인증이 있는 해로 대체 교사 두 명에 신입 교사와 준비하는 게 쉽지는 않았지만 어린이집 교사도 당당하게 임신하고 마음 놓고 휴직을 신청하고 복직할 수 있다.

　어린이집이 교사들에게 좋은 직장이었으면 좋겠다. 원장 개인이 노력한다고 좋은 직장이 되는 건 아니다. 국가와 사회가 정책적으로 도와주는 것을 전제로 부모들의 따뜻한 배려와 협조가 절실하다. 대한민국에는 5만 개에 가까운 어린이집이 있다. 외딴 섬 구석구석까지 어린이집이 없는 곳이 없다. 근무하는 교직원만 해도 30만 명이 넘는다. 가끔 보도되는 어린이집 아동 학대 사건 때문에 걱정하거나 어린이집을 불신하지 않아도 된다. 어린이집 교사들은 대부분 천사다. 결혼도 하지 않았고 아이도 낳아 보지 않은 어린 교사들이 아이들을 돌보고 가르치는 것을 보면 경이롭다는 생각이 들곤 한다. 결혼을 하고 아이를 낳은 뒤 복직한 교사들이 아이들을 보는 눈빛과 손짓은 더욱 성숙해져 훌륭한 교사로 거듭난 것을 확인할 수 있다.

　어려운 환경에서도 교사들이 아이들에게 많은 사랑을 줄 수 있도록 부모들이 많이 배려해 주고 격려해 주기 바란다. 어린이집은 부모들이 갑질하는 곳이 아니다. 부모들이 나서서 어린이집 교사의 권리를 찾아 주고 지켜 주는 세상이 곧 아이들도 행복한 세상일 것이다. 노동절, 여름휴가, 신학기 준비를 위한 시간만이라도 편히 쓸 수 있도록 해주자. 교사들이 뛰쳐나가기 전에 그들이 예쁜 마음으로 아이들 보듬어 줄 수 있도록 도와줘야 한다.

일곱,   도시락은 사랑의 표현이다

어린이집에서는 봄가을 소풍에 현장 학습 등 여러 가지 활동을 위해 부모들에게 가끔 도시락을 요청할 때가 있다. 영아의 경우 긴 시간 외부 활동이 어려워 대개 어린이집에서 먹고 나가거나 돌아와서 먹기 때문에 일 년에 한 번 정도 준비하면 된다. 유아들도 맞벌이 부모들의 어려움을 덜어 주기 위해 노력하지만 멀리 나가거나 다양한 활동을 위해 차를 타고 나갈 경우에 가끔 아이들은 부모님들이 준비해 준 도시락을 들고 행복한 나들이에 나선다.

최근 다른 어린이집 부모들 중 현장 학습 도시락 문제로 민원을 제기하는 부모들이 생겨나면서 전국의 어린이집들이 혼란에 빠지고 있다. 우리 어린이집의 경우 어린이집 운영위원회의를 거쳐 봄가을에 한 번씩, 즉 일 년에 두 번 부모님이 도시락을 준비하고 여름 캠프나 눈썰매장에 갈 때는 식중독과 찬 음식에 체할 수도 있어 매식을 할 수 있음을 알려 드린다. 20년이 넘도록 단 한 건의 민원도 생기지 않았다.

어릴 적 엄마가 싸준 도시락에 대한 추억이 없는 사람은 없다. 지금도 여전히 아이들은 어린이집에서 어딘가로 견학을 가거나 소풍을 간다고 하면 며칠 전부터 들떠서 행복해한다. 미리 가져올 간식거리나 도시락에 대해 자랑하며 계획을 세우기도 한다. 부모가 아이를 위해 도시락을 준비해 주는 것을 단지 돈의 문제나 시간의 문제로 생각하는 것을 아이가 안다면 아이는 부모를 과연 어떻게 생각할까?

오래된 이야기지만 예전에 대학 교수님이 해주신 이야기가 생각난다. 8남매를 어려운 환경에서도 공부도 잘하고 우애도 깊게 잘 키워 사회 곳곳에서 활동하게 키운 어머니의 소풍 이야기를 하시며 정말 즐거워하셨던 교수님 얼굴이 지금도 선하다.

아이들 먹을 것이 많지 않았던 예전에는 소풍을 가야 김밥에 과자를 먹을 수 있었으니 일 년에 두 번 가는 소풍이 얼마나 기다려졌을까? 어머니는 8남매 중 제일 먼저 소풍 가는 아이의 소풍날이 정해지면 8명 전체에게 책가방을 메게 해서 동네 구멍가게로 데려가신 뒤 음료수 한 개에 과자 한 봉지, 사탕 다섯 알과 껌 한 통 그 당시 가장 유행하는 간식거리를 한 개 더 골라서 각자 가방에 넣어 주셨다. 공평하게 나눠 주셨기 때문에 어느 한 사람 불평하거나 이의를 제기하지 않았다.

문제는 소풍을 언제 가느냐다. 하루 이틀 사이에 소풍을 가면 그런대로 참을 수 있지만 제일 늦게 가거나 비가 와서 미뤄지거나 하는 형제는 가방에 넣어 둔 소풍용 간식을 끝까지 지키기가 너무 어렵다. 하나씩 빼 먹다 보면 소풍날엔 빈 가방이 되기도 하고 때론 형 누나에게 뺏기는 경우도 생긴다. 미리 먹거나 간수를 못해 소풍날 김밥만 달랑 들고 가도 어머니는 다시 사주시는 일은 절대 하지 않으셨다. 형제들은 나름 여러 가지 방법으로 소풍날까지 자신의 간식을 지키는 방법을 연구했고 형제들끼리 타협하거나 협력하기도 했다. 머리가 허연 어른이 돼서도 형제들에겐 소풍 이야기가 가장 즐겁고 행복한 이야깃거리로 남아 있는 이유라고 하셨다.

먹을 것이 넘쳐나고 근사한 레스토랑에서 마음대로 비싼 음식을 사 먹는 세상에 웬 추억 타령이냐고 하겠지만 사람은 원래 추억을 먹고 사는 동물이다. 어릴 때 부모와의 따뜻하고 아름다운 추억이 많아야 정서적으로 안정되고 성품이 따뜻한 사람이 된다는 것을 모르는 사람은 없을 것이다. 좋은 옷을 사 주고 남들 안 가는 해외 여행을 가고 번쩍거리는 놀이공원에 가는 것보다 아이 손을 잡고 동네 슈퍼에 가서 소풍 갈 준비를 함께한 추억이 아이를 훨씬 행복하게 해준다는 것을 잊지 말았으면 좋겠다.

어린이집은 이익을 창출하는 곳이 아니다. 유감스럽게도 대한민국은 1997년에 어린이집 아동 1명당 하루 급식비를 1,745원으로 결정한 뒤 지금까지 단 1원도 인상하지 않고 있다. 최근 표준 보육비용에 대해 많은 연구가 있으니 기대해 볼 일이다. 성동구는 2004년부터 구청에서 보조하는 하루 500원에 어린이집 자체 운영비를 더해 하루 3,000원 가까운 비용으로 친환경 유기농 급식을 실천하고 있지만 대부분의 어린이집들은 예산 부족을 절감하고 있는 실점이다. 유치원이나 학원에는 더 많은 돈을 내고 다니면서 아무 말도 못하고 무상 급식을 하는 학교에도 도시락 안 싸겠다고 못하면서 가장 어린 아이들을 돌보고 가르치는 어린이집에 유독 요구 사항이 많은 것을 어떻게 해석할 수 있겠는가?

아이들은 아무리 부유한 집에서 자라고 주위에 돌보는 사람이 많아도 부모의 마음이 담긴 따뜻한 한 끼를 원한다는 것을 알았으면 좋겠다. 부디 어린이집 운영위원회나 부모 교육 시간을 통해 함께 의논해서 아이와 부모, 어린이집이 함께 행복했으면 좋겠다. 단지 귀찮아서 왠지 무상 보육이라는데 손해를 보는 것 같은 짧은 생각으로 끝없이 어린이집에 요구를 한다면 결국은 좋은 선생님이나 원장들은 보육 현장에서 떠나게 될 것이다.

 여덟, **걸핏하면 민원을 넣겠다고 협박해서는 안 된다**

김 선생님은 새로 입소하는 7살 아이를 아침부터 기다렸다. 전날 원장님이 그만두는 아이 자리에 여자아이가 온다고 해서 새로 이름표를 만들고 신발장도 정리하고 기다렸다. 오전 활동이 다 끝나고 점심 때가 되었는데도 아이는 오지 않았고, 선생님은 기다림을 뒤로 하고 아이들 점심 배식을 시작하였다. 아이들이 본격적으로 점심을 먹기 시작했는데 교실 문이 열리더니 낯선 얼굴이 보였다.

"어떻게 오셨나요."
"여기가 나무반인가요?"
"상미 엄마예요, 얘기 들으셨죠?"
"네, 어머니 안녕하세요? 상미는 안 왔나요?"
"오늘 안 왔어요. 내가 먼저 좀 둘러보려고요."
"네, 어머니 아무리 7살이라도 상미가 새로운 환경에서 친구들과 잘 지내려면 적응하는 시간이 필요할 거예요."

어머니는 더 이상 듣고 싶지 않다는 표정을 지으며 교실 여기저기를 훑어보고 이렇게 말했다.

"교실이 좀 좁네요. 아이들은 몇 명이죠?"

김 선생님은 당황스러웠지만 그 어머니가 돌아갈 때까지 여러 가지 질문에 답하며 머쓱하게 있어야 했다. 다음 날 선생님은 왠지 모를 불편함을 느끼며 아침부터 아이를 기다렸지만 오지 않았고 오전 활동이 다 끝날 즈음인 오전 11시 40분에 아이가 왔다.

"오늘 늦잠을 자서 좀 늦었어요."

엄마는 쑥스러워하며 우두커니 서 있는 아이만 교실로 밀어 넣고 가 버리셨다. 이미 각 영역에서 놀이를 하던 아이들에게 새로 온 친구를 소개하고 같이 놀도록 했지만 아이는 쉽게 가까이 가지 못하고 머뭇거렸다. 아이는 다음 날부터 계속 11시, 11시 30분, 12시 심지어는 12시 40분 등 어머니의 시간에 맞춰 등원했다. 그러던 어느 날 역시 오전 11시가 넘은 시간에 교실에 들어온 아이가 갑자기 울음을 터트렸다.

"왜, 울어, 무슨 일이 있어?"

아이의 손을 잡고 물으니 늦게 와서 쑥스럽다고 하자 친구들이 한마디씩 했다.

"상미는 맨날 늦어. 맨날 늦게 오니까 같이 못 놀잖아."
"나는 일찍 오는데."

미처 막을 수 있는 상황이 아니었다. 이미 웬만한 것은 다 아는 7살이다. 아이를 위로해 주고 내일은 조금 일찍 와서 친구들과 재미있게 놀자고 약속했다. 다음 날 상미 엄마가 소리를 지르며 교실로 들어 왔다.

"왜, 우리 애 보고 늦는다고 뭐라 하세요? 어제는 째려봤다면서요? 왜, 아이 기를 죽이고 그래요. 대학 나오면 다야? 교사 자질이 없잖아, 전에도 어린이집 많이 보내봤지만 선생님 같은 사람은 처음 봐. 그리고 교실에 먼지가 데굴데굴 굴러다닌다고 아이가 그러던데 청소는 하는 거야 마는 거야. 이 어린이집에 다니면서 우리 애 아토피 심해졌잖아."

대답할 시간도 주지 않고 속사포처럼 쏘아 대더니 아이를 데리고 나가 버렸다. 교실 아이들은 심상치 않은 분위기를 눈치채고 말없이 선생님 얼굴만 쳐다보고 있었다.

다음 날 마음을 가다듬고 출근해서 다른 날과 똑같이 아이들을 맞이하고 오히려 더 씩씩한 모습으로 하루 일과를 시작했다. 11시가 조금 넘어 원장이 조용히 부르더니 잠깐 상미 엄마를 만나야겠다며 아무리 설명해도 들으려 하지 않는다고 했다. 사무실에는 상미 엄마와 이모가 와 있었다.

"저 선생님 싫어요. 아이가 늦게 왔다고 다른 아이들 앞에서 망신을 주고 기가 죽게 하는 법이 어디 있어요. 나 그렇게 만만한 사람 아니에요."
"상미 어머니, 저 때문에 마음 상하셨다면 죄송합니다. 그런데 상미를 째려보거나 다른 아이들 앞에서 망신을 주거나 기를 죽인 적은 없습니다. 그날 상미가 수업 중에 늦게 들어 온 게 조금 민망했었나 봐요. 제가 더 잘 살피겠습니다."

"정말 어이가 없네, 그럼 지금 우리 애가 거짓말을 했다는 겁니까? 내가 느끼기에도 선생님 얼굴은 항상 어둡고 쌀쌀맞아 보였어요."

원장의 긴 설득에도 자기 할 말만 계속하였다. 아이를 데리고 와서 인사 한 번 안하고 아이만 교실에 밀어 놓고 가시던 분이 내 얼굴은 언제 보셨는지 내 별명은 생글 선생인데⋯⋯더 이상 할 말이 없었다.

"원장님, 저 선생님 쫓아내 주세요. 원장님이 못하시면 제가 구청장 찾아가서 저 선생님 파면시키도록 하겠습니다. 이건 제 아이만의 문제가 아니고 저희 반 아이 모두를 위한 거예요."
"어머니 말씀은 충분히 잘 들었습니다. 아이들 더 따뜻하게 잘 보살피도록 노력하겠습니다. 그러나 선생님을 그만두게 할 수는 없습니다. 아이와 학부모님 모두가 좋아하는 선생님입니다."

원장도 자리에서 벌떡 일어났고 그동안 아무 말도 안 하고 듣고만 있던 상미 이모는 아이 엄마 손을 잡고 가자고 했다. 다음 날도, 그 다음 날도 상미는 오지 않았고 주말을 지내고 월요일에 다른 때보다 조금 일찍 상미와 엄마가 교실로 들어왔다.

"선생님, 우리 아이가 선생님 힘들게 하지 말라고 하네요. 선생님 울면 싫다고 그래서 제가 마음을 접기로 했어요. 애가 그렇게 이야기 하는데 제가 참아야지 어떻게 하겠어요."

상미는 아무 일도 없었다는 듯이 학기를 마치고 졸업했다. 후에 확인해 보니 구청에 전화해 한바탕 난리를 피웠으나 담당 공무원은 그런 일로 구청에서 교사를 파면할 수 없으니 원장님과 잘 의논하시고 아이를 조금 일찍 어린이집에 보내시는 게 좋을 것 같다고 조언했고, 상미는 다른 어린이집에는 가기 싫다고 했다고 한다. 상미는 그 일이 있은 뒤 얼마 동안은 선생님과 친구들 눈치를 보는 듯해서 안쓰러웠는데 시간이 지나자 아이답게 곧 친구들과 잘 어울렸다.

갑작스런 정전처럼 찾아온 어둠이 오랜 시간이 지났는데도 마음에 남아 있는 것은 상미나 상미 엄마에 대한 미움이 아니라 선생님을 안쓰러운 눈으로 지켜보던 7살 아이들의 마음이 전해졌기 때문이다. 지금은 훌륭한 원장이 된 분이 교사 시절 겪은 이야기다. 어린이집에서 흔히 볼 수 있는 막무가내 부모라 길게 소개했다.

 아홉, 어린이집을 믿고 맡겨야 한다

오늘은 아이들이 청계천 문화원으로 영화를 보러 가는 날이다. 날씨가 덥기는 했지만 오전 이른 시간이고 늘 다니던 산책길이라 산책 겸 걸어서 갔다. 아이들이 영화관에 도착할 때쯤 폭염주의보 문자가 휴대전화로 전송되었고 원장님들은 신속하게 차를 수소문해서 영화가 끝난 뒤 아이들이 바로 차를 타고 어린이집으로 돌아갈 수 있도록 했다. 그동안에도 다른 어린이집 원장님들 휴대전화는 연신 울렸다. 더운데 어떻게 할 거냐고 묻는 부모들 전화다.

"역시 우리 어린이집 부모들 중 전화하시는 부모는 한명도 없네."

견학이나 산책을 나가는 날 아침 또는 전날에 부모들은 어린이 집에 전화하는 일이 많아진다. 봄에 잠시 다녀가던 황사보다 심각 하다는 미세먼지 때문에 걱정이 많은 것은 사실이다. 그런데 마스 크도 안하고 어린이집에 보내면서 이른 아침부터 전화해 명령하듯 말한다.

"오늘 밖에 내보내면 안 된다."
"우리 애 놀이터에서 놀게 하면 안 된다."
"어린이집 창문 닫아라."

어린이집들은 오전 9시를 기준으로 미세먼지 수치를 확인하고 외부 활동을 결정한다. 요즈음은 어린이집 휴대전화로 아예 황사, 미세먼지, 오존, 폭염 등 주의를 요하는 내용들이 즉시 전송되어 얼마든지 미리 대처할 수 있다. 파란 하늘이라는 말이 무색해지는 세상에 이른 아침부터 미세먼지로 눈앞이 뿌연 날에 출근도 안 하 는 부모가 아이를 어린이집에 보내 놓고 이거저것 지시하듯이 전 화하는 것이 다반사가 되었다. 그렇게 걱정되면 집에 데리고 있어 야 되는 게 아닌가?

아파트 단지 안에 학교들이 들어서면서 웃지 못할 일들이 한두 가지가 아니다. 창문으로 중학교 운동장을 내려다보던 부모가 학교 교장실로 전화해서 항의했다.

"체육 시간에 아이들은 운동장을 뛰면서 도는데 선생님은 자전거 타 면서 도는 게 말이 되느냐."

아파트 단지 안에 있는 어떤 어린이집 부모는 어린이집 문 앞에 놓인 국화 화분을 아파트 격이 떨어진다고 버리라고 하는 세상이다. 세상사는 기준도 사물을 보는 관점도 당연히 변하지만 부모들의 허영과 허세가 순수한 아이들 마음에 상처 주지 않기를 바랄 뿐이다. 어차피 세상의 모든 나쁜 공기, 오염된 물, 믿지 못할 음식, 원인도 모르는 질병, 안전하지 못한 환경으로부터 아이들을 완벽하게 보호할 수는 없다. 무조건 차단하고 접촉을 피한다고 안전할 수는 없기 때문이다.

추운 겨울에도 반 스타킹 신기고 낮잠 잘 때 이불도 안 덮으며 강하게 키우는 나라도 있고, 영하 10도에도 산책하고 모서리가 각진 책상 쓰는 선진국도 많다. 일부러 면역력 키운다고 흙바닥에서 놀게도 한다. 이렇게 키운 아이들과 우리 아이들이 과연 경쟁이란 것을 할 수 있을까? 주말마다 어린아이들에게 온갖 화려한 경험을 부추기는 방송을 하더니 이젠 불혹의 나이가 넘은 아들들을 지켜보고 안절부절못하는 부모들 모습을 보여 주는 대한민국은 언제 철이 들려나 모르겠다.

미세먼지, 감염병 같은 문제는 단순히 어린이집에 민원 넣어서 해결할 수 있는 문제가 아닌 전 세계가 함께 해결할 문제다. 화풀이 하듯이 어린이집에 불평하는 것은 누구에게도 도움이 안 된다. 공공 교육 기관인 어린이집은 정해진 절차와 규칙에 의거해 아이들을 위해 언제나 최선을 다한다. 우선 골고루 잘 먹이고 많이 뛰어 놀게 하고, 밖에서 돌아오면 반드시 깨끗하게 씻기며 잘 자게 해서 면역력을 키우는 데 집중해야 한다. 몸과 마음의 면역력이 강한 아이들은 스스로 자신을 지킬 수 있다.

 ## 열. 선물과 뇌물은 다르다

어린이집에 아이를 보내는 부모들 중에 아직도 명절이나 스승의 날 선물 문제로 고민을 한다면 걱정할 필요 없다. 어린이집은 김영란법과 무관하다는 신문 기사가 있었지만 대부분의 어린이집은 선물을 받지 않는다. 오히려 미리 공지해도 부모들이 선물을 가져와서 곤란한 상황을 만드는 경우가 더 많다. 처음 어린이집에 근무하기 시작했을 때 원장이 교사들이 받는 작은 선물까지 간섭하는 게 민망하기도 해서 잠시 일 년에 한 번 스승의 날에 주는 선물을 받게 한 적이 있었는데 여러 가지 문제가 나타났다. 교사마다 반 정원이 다르다 보니 선물을 많이 받는 교사와 한 개도 못 받는 교사가 생겼고, 선물의 가격 차이도 나면서 묘한 분위기가 형성되었다.

만 2세반에 정주란 아이가 있었는데 말도 잘하고 영리해서 무엇이든 또래에 비해 빠른 아이였다. 아이는 언제부터인가 스승의 날이 가까워지면 나와 담임 교사에게 선물에 대해 얘기하기 시작했다.

"원장님, 이번 스승의 날에 엄마가 원장님한테 목걸이 선물하신대요."
"선생님, 엄마가 선생님 선물 많이 준비했어요."

막상 당일에 빈손으로 어린이집에 오는 아이는 하루 종일 시무

룩하고 아무리 선물을 안 가져와도 된다고 이야기해도 아이는 졸업할 때까지 공수표를 날려 우리 마음을 아프게 했다. 아이 엄마는 중학교 선생님이었는데, 스승의 날이면 집에 선물을 잔뜩 가지고 오는 엄마가 당연히 선물을 주실 거라고 생각 한 것 같았다. 나중에는 우리가 눈치가 보여 엄마가 꽃이라도 한 송이 보냈으면 좋겠다는 생각을 한 적도 있다. 어느 해인가 2층 교실로 올라가는 아이를 불러 조그만 선물 하나를 손에 쥐어 주며 하늘반 선생님 드리라고 하자 아이가 보여준 환한 웃음은 지금도 가끔 생각난다.

언젠가부터 스승의 날 아침 풍경은 아이와 부모, 교사 모두가 피하고 싶은 모습으로 바뀌기 시작했다. 매번 선물을 준비하는 부모에게 고맙다는 인사를 하는 것도 민망했다. 아이만 들여보내고 도망치듯 가는 부모도 있었고 그날은 아예 아이를 어린이집에 안 보내는 부모도 있다. 뭐라고 설명하며 안 보냈을까? 선물을 안 받기로 하니 마음이 너무 편하고 좋았다.

한동안은 꽃이라도 받으라고 보내기도 하고 돌려주는 과정에 실랑이도 있었지만 점차 부모들도 적응하기 시작했다. 여전히 할머니들 중에는 유난을 떤다며 역정을 내시는 분들도 있고 아예 피자 같이 먹을 것을 배달시키고 냉커피 얼음 녹는다며 던지듯이 놓고 가시는 분도 있지만 가정통신문으로 계속 금지하고 있다.

지금은 고등학생이 되었을 아이인데 멀리 성수동에서 생후 9개월부터 만 5세까지 다닌 아이가 있었다. 집이 멀어 몇 번을 가까운 곳으로 옮기라고 권유도 했지만 아이는 결석도 거의 하지 않고 졸업을 했다. 졸업식이 끝난 뒤 일주일쯤 지났을 때 아이 엄마와 외할머니가 커다란 액자 하나를 가져왔다. 십자수로 해바라기 꽃을 수놓은 대형 액자였다. 두 분이 3개월 동안 직접 수놓은 것이라고 했다. 할 말이 없었다. 걷지도 못하는 어린 아기를 씩씩하게 키워 주셔서 정말 고맙다고 하시며 수놓는 동안 힘든 줄도 몰랐다고 하셨다.

지금도 어린이집에 있는 액자를 보면 한 땀씩 수놓을 때마다 느꼈을 그 따뜻한 마음이 전해져 오는 듯하다. 아동복을 제작하시는 분이었는데 졸업 후 3년이나 연합회의 보탬바자회에 아동복을 기증해 주셨다. 5년씩 다니고도 인사도 안 하고 가는 요즈음에 무슨 추억 놀음이냐고 할지 모르지만 선물이 고마운 것이 아니라 마음이 전해졌기 때문에 생각이 났던 것 같다.

인생을 살면서 사람들은 많은 선물을 주고받는다. 상대가 부담을 가지면 뇌물이니 상황에 맞게 마음을 담아 선물할 수 있는 방법을 교육할 필요도 있다고 생각한다. 예전 교육원에 근무할 때 만난 30년 지기 동갑내기 친구가 한 이야기가 있다. 나는 손수건을 좋아해 작은 선물을 포장지가 아닌 예쁜 손수건에 싸서 주는 경우가 많은데 굉장히 인상적이었다고 했다.

"아, 이 사람은 다른 사람하고 뭔가가 다르네."

아들이 초등학교 다닐 때 어버이날이나 생일에 꼭 선물을 하라고 강요했다. 부모에게 마음을 표현하는 것은 가장 기본적인 교육 중에 하나라고 생각했기 때문이다. 엄마 음력 생일이 어버이날과 가깝게 있어 두 번 선물을 준비하는 게 부담스러웠던지 초등학교 3학년 때 아들이 타협안을 제시했다.

> "지금은 돈을 안 벌어 힘드니 생일과 어버이날을 합쳐 한 번만 선물 하면 안 될까요? 파산할 것 같아요."

그러라고 했다. 아르바이트가 가능한 대학생까지 미뤄 줬다. 대학교 1학년이 되어 이제부터 하나밖에 없는 아들에게 두 번 선물을 받게 되나 했더니, 5월 초 학교에서 가는 연수 핑계 대고 슬쩍 넘어가려고 해서 화를 냈던 기억이 난다. 결혼을 한 지금도 챙겨야 할 것을 안 챙기면 나는 삐진다. 마침 내 생일과 사돈 음력 생일이 같은 날이라서 얼른 내 생일을 양력으로 바꿨다. 어버이날과 간격이 조금 더 생겨 좋다.

아들이 초등학교 다닐 때 신학기가 되면 작은 저금통을 하나 사서 돈을 모으게 했다. 일 년 동안 모은 저금통은 다음해 2월에 개봉해 헤어지는 담임 선생님 선물을 사서 아이가 쓴 편지와 함께 종업식 날 드리도록 했다. 아이와 선물을 고르고 편지를 쓰는 것은 매년 하는 일인데도 조금씩 의미가 다른 것을 알 수 있었다. 아이가 좋아하는 선생님이 담임일 때 저금하는 모습이 조금 달랐기 때문이다. 고학년이 되면서 내용을 알게 된 담임선생님들 중에는 가끔 "관영아, 내 선물 살돈 잘 모이고 있냐? 잘 부탁한다."라고 유쾌한 농담을 하시던 것도 생각난다. 나는 여전히 아들 내외가 주위를 돌아보며 무리하지 않는 범위 내에서 가볍게 선물도 하면서 마음을 나누며 살기를 바란다.

어린 손녀는 할머니 크리스마스 선물로 엄마가 준비한 회색 머플러를 보며 "할머니는 핑크가 어울리는데⋯⋯다음엔 핑크로 사 줄게요."라고 한다. 아이가 다른 사람의 마음을 읽으려 하는 게 기특하다. 아들아이 어릴 때와 비슷하다. 아들이 5살 때쯤 연수원에 같이 근무하던 장학사가 어린이날에 베이비 크림과 우산을 선물해 주었다. 아이는 비만 오면 우산을 쓰고 그 선생님을 만나러 가자고 했다. 고맙다고 인사해야 한다는 것이다. 마침 약속이 잡혀 외출을 하려는데 갑자기 얼굴에 베이비크림을 잔뜩 바르면서 "선생님이 크림 냄새 맡으시면 좋아하시겠지?" 한다.

마음은 없고 모든 사람들이 부담스러워 하는 선물은 당연히 없어져야 한다고 생각한다. 어린이집에서 가져오지 말라고 하면 제발 지켜 줬으면 좋겠다.

상·하반기 한 번씩 하는 부모 상담 때도 꼭 뭔가를 가져와서 난감하게 한다. 얼마 전 만 1세와 6세 두 아이를 보내는 엄마가 아이들과 함께 원장실에 들어와서 감자 대여섯 개가 들어 있는 비닐 팩을 내밀었다. 주말농장에 가서 아이들이 직접 캔 것인데 큰아이가 어린이집에 가져가겠다고 했단다. 아이들이 가져온 것을 거절할 수 없어서 받았다. 교사들에게도 한 봉지씩 주었더니 아이들이 즐거워했다. 등원하던 몇몇 부모들과 아이들이 볼 수밖에 없는 상황이었다. 이미 우리 어린이집은 선물 안 받는 어린이집으로 알려져서 부모들이 부담 갖지 않고 다니는 걸 알고 있는데 난감했다.

다음 날 같은 반 아이 엄마가 원장실로 들어와 시골에서 농

사지은 자주색 감자를 보내 주겠다고 하는데 거절할 수가 없었다. 조리사님이 쪄줘서 교사 간식으로 먹고 부모에게 다시는 가져오지 않겠다는 다짐을 받았다. 나도 가끔 손녀를 어린이집에 데려다 준다. 나 역시 어린이집에 뭔가 마음을 표현하고 싶을 때가 많기 때문에 모든 부모들이 다 부담을 갖고 하는 것은 아니라는 것도 잘 알고 있다. 그러나 단 한 사람이라도 부담을 갖는 일은 해서는 안 된다고 생각한다.

작년까지만 해도 어린이집에 데려다 줄 때 선생님 커피를 사 달라던 손녀딸이 7살이 되더니 올해는 단칼에 거절한다.

"안 돼요, 할머니! 선생님이 어린이집에 먹을 거 가져오지 말랬어요."

주택가에 위치한 우리 어린이집은 정원의 절반 정도가 조부모가 등하원을 도와주신다. 여전히 할머니들은 김밥도 말아 오고 부침개도 부쳐 오시고 나물을 데쳐서 주고 가신다. 따뜻한 마음이 전해져 할머니들이 만들어 주시는 건 정말 거절하기가 어렵다. 그래도 어린이집에서 가져오지 말라고 하면 협조해야 한다. 부모들 중에는 아무리 거절해도 평상시에는 뭔가 갖고 오면서 막상 자선바자회 물품을 요청하면 전혀 협조하지 않거나 도저히 팔 수 없는 물건을 보내는 부모도 있고, 일 년에 한 번 작은 저금통에 동전 모으기 행사를 하는데 저금통을 절반도 안 채우고 보내는 무보도 있다. 보내지 말라는 선물 보내지 말고 바자회 기증품을 넉넉하게 보내 주고 돼지 저금통을 꽉 채워 주면 정말 좋겠다.

선물에는 마음이 따라와야 한다. 아이들이 어릴 때부터 진심으로 마음을 나누는 생활을 할 수 있도록 도와주기 바란다. 아이가 태어난 뒤 이름이 정해지면 아이의 이름으로 사회복지재단에 후원자로 등록하는 것으로 부모의 첫 선물을 주고, 아이는 태어나면서부터 다른 사람에게 선물을 주는 사람으로 키웠으면 좋겠다. 주위에 첫아이를 낳은 젊은 부모나 할머니, 할아버지 되는 사람에게 요즈음 내가 권하는 일이다.

"너는 태어나는 순간부터 다른 사람을 도와주는 사람이야. 이 세상에 선물 같은 사람이 되어야 한다."

선물에 따뜻한 마음이 따라오지 않고 뭔가 대가를 바라며 부담감이 든다면 그건 선물이 아니고 뇌물이다.

하나, 어릴 때는 잔소리를 듣고 배운다
둘, 아이의 올바른 식습관은 부모에게 달려 있다
셋, 배변훈련 시기가 너무 늦어진다
넷, 인사 잘하는 아이로 키워야 한다
다섯, 아이들에게 끌려다니면 안 된다
여섯, 때로는 따뜻한 눈으로 지켜보며 기다려 줘야 한다

• 네 번째 이야기 •

아이는
상전이 아니다

아이는
상전이 아니다

하나, 어릴 때는 잔소리를 듣고 배운다

"할머니도 이래라저래라, 아빠 엄마도 이래라저래라, 서령이 보고는
다 이래라저래라만 하네."

얼마 전 다녀온 가족 여행에서 7살짜리 손녀가 한탄하는 소리
다. 그런데 한탄하는 목소리나 표정에 전혀 싫어하는 내색을 볼 수
가 없다. 어린아이인데도 사랑의 잔소리라는 것을 다 알고 있다는
듯이 깔깔대며 이야기한다.
아이들이 어린이집에 다니는 연령은 기본적인 생활 습관을 익
히는 시기로 좋은 생활 습관이 몸에 밸 때까지 반복해서 듣고 해보

고 익숙해질 때까지 경험해야 한다. 아이들은 혼자 할 줄도 모르고 할 수도 없기 때문에 어른들의 관심과 도움을 받으며 한 가지씩 배우고 익힌다. 이 시기에 이래라저래라란 말을 듣지 않은 아이들은 기본적인 생활 습관을 전혀 익힐 수가 없다. 차근차근 설명해 주면 연령이 낮을수록 아이들은 쉽게 배운다.

여행지 곳곳에 기도하는 장소가 마련된 나라를 여행하며 손녀는 가는 곳마다 기도를 했다. 할머니도 기도하라고 한다.

"뭐라고 기도했어."
"할머니 아프지 말고 건강하시라고 기도했어요."
"할머니는 뭐라고 기도했어요?"
"할머니는 서령이 기도했는데 무슨 기도했을 것 같아?"
"서령이 밥 잘 먹고 삐치지 말고 아프지 않았으면 좋겠다고 기도했을 것 같아요."

아이는 자신의 문제점을 정확히 알고 있다. 어린이집에서의 생활이 긴 아이가 부모를 만나 어리광을 피울 수 있는 시간은 생각보다 짧다. 정해진 시간에 잠을 자는 손녀의 경우는 아침 등원 전과 하원 후 한두 시간과 주말이 전부다. 그 짧은 시간에 자신의 존재를 알리는 가장 효과적인 방법이 밥을 안 먹는 일과 삐치는 일 외에 뭐가 있겠는가? 어린이집에서는 제일 빨리 먹고 좋은 장난감 차지한다니 식욕이 없거나 편식을 하는 건 아닌데 부모와 먹을 때는 먹여 달라 하고 늑장을 부리고 안 먹는다며 심술을 낸다. 자신의 존재를 알리려는 나름의 궁여지책인 것이다.

부모들은 출퇴근 시간에는 시간에 쫓기고 안쓰럽기도 해서 계속 끌려다니고 아이들은 어디까지 봐주나 간을 보며 버릇이 점점 나빠진다. 한 번만 제대로 하면 되는데 그걸 부모들이 못하는 것이다.

"먹기 싫으면 안 먹어도 돼."
"그런데 먹을 건 이것밖에 없어."
"엄마 아빠가 잠시만 이야기할 건데 기다려 줄 수 있어?"
"먹고 싶은 거 니가 골라 봐."
"여기는 식당이니까 뛰면 안 돼."
"사람들 만났을 때 인사하면 기분이 좋아질 것 같은데."
"징징거리며 이야기하면 무슨 이야기를 하는지 알 수가 없지."
"치마 입을 때 속바지를 입으면 활동하기 편하겠지?"
"오늘은 날씨가 추울 것 같은데 겉옷을 가져가면 어떨까?"
"주차장에선 위험하니 어른들 손을 잡아야 해."

아이들은 끊임없이 알려 주는 부모의 사랑 담긴 이래라저래라 속에서 성장하며 이것은 그냥 단순한 잔소리가 아니다.

아이들이 부모 말을 귀담아듣는 시기는 생각보다 길지 않다. 어릴 때 잔소리해서 좋은 생활 습관이 몸에 배게 한 뒤 잔소리를 멈추는 시기를 앞당기는 부모가 현명하다. 비행기 안에서 노트북을 사용하며 자세가 좋지 않았던지 여행지에 도착하니 오른손이 많이 불편했다. 둘째 날에는 세수도 어려울 정도로 많이 부었다. 여행 내내 손녀가 할머니 조수를 자청하며 온갖 심부름을 한다. 쉴 새 없이 조수를 부르며 온갖 심부름을 다 시켜도 행복하게 뛰어다닌다. 유적지에서는 비가 와서 미끄러워진 돌바닥을 지날 때마다 작은 손을 내밀며 할머니를 보호했다. 아이는 자신도 무언가 할 수 있다는 자신감과 뿌듯함에 지치지도 않고 뛰어다니며 여행을 보람되게 마무리했다.

무조건 보호하고 다 해주면 아이는 무능해질 수밖에 없다. 위험한 것을 알려 주고 사용법도 설명하고, 잘못하면 나무라고 친절하게 이래라저래라 하며 아이와 소통해 보자. 의외로 아이들이 어른들이 생각하는 것보다 유능하다는 것을 금방 알게 될 것이다. 집안에서 아이가 할 수 있는 일거리를 찾아서 열심히 움직이게 해 보자. 집안에 활력이 살아나고 놀랍게도 아이가 떼쓰는 것을 멈출 것이다. 아이는 기어서 자신의 젖병을 가져오는 것부터 시작해서 기저귀를 휴지통에 버리고 옷을 고르고 신발을 신고, 조금 크면 수저도 놓고 빨래도 개고 설거지도 한다고 할 것이다.

최대한 아이에게 많은 일을 시켜 보자. 위험하지 않은 일 중 아이가 부모를 위해 규칙적으로 하는 일도 만들어 주자. 어릴 때부터 자신도 부모를 위해 무언가 할 수 있다는 자부심은 높은 자존감으로 아이를 행복하게 해줄 것이다. 장난감을 갖고 노는 것보다 생활 속에서 느끼는 유능감이 아이의 생활을 활기차게 한다는 것을 곧 알게 될 것이다.

얼마 전 이사를 간 손녀는 나에게 어린이집 가는 방법이 네 가지가 있는데 한 번씩 다 가보고 할머니가 좋은 방법을 고르란다.

"할머니는 길을 잘 모르는데 서령이가 가르쳐 줘서 편하게 갈 수 있었네."

점차 아이들은 이래라저래라 하지 않아도 스스로 결정하고 책임지는 현명한 아이가 될 것이다. 초등학교에 들어갈 때까지 꼼꼼하게 아이를 살피며 사랑을 담아 잔소리 하자. 아이는 부모와의 소통에 행복해할 것이다.

 둘, 아이의 올바른 식습관은 부모에게 달려 있다

친환경 유기농 급식을 실천하는 어린이집에서 아이들이 밥 먹기 전에 부르는 〈밥가〉라는 구전 노래가 있다.

"밥은 하늘입니다. 하늘은 혼자 가질 수 없듯이 밥은 서로서로 나누어 먹습니다."

밥은 단순히 한 끼를 때우는 것으로만 해석하고 풀이할 수 없다는 심오한 뜻을 담고 있다. 옛부터 우리나라 사람들은 유달리 먹는 것을 중시했다. 밥 먹었느냐는 말이 인사말이 될 정도로 말이다.

어린이집의 급식 문제가 아동 학대로 이어지기도 하지만 부모들의 최고 관심사이기도 한 이유다. 어린이집을 선택하는 기준에 급식이 최우선으로 뽑히는 것은 이제는 거의 정설이다. 한동안 어린이집은 불량 급식으로 몸살을 앓았다. 쓰레기 죽 사건은 결국 법정으로 갔지만 세간에 알려진 것보다 부풀려지고 왜곡된 것도 사실이다. 방울토마토나 새우깡 사건은 지금도 어린이집 원장들 사이에선 유명하다.

종교단체에서 위탁받아 운영하는 누구나 가고 싶어 하던 시설도, 교육 내용이 좋아 인기가 많던 어린이집도 방울토마토 한 개로 날벼락을 맞았다. 하원 시간에 우연히 주방에 간 원장이 점심 때 후식으로 줬던 방울토마토가 있는 것을 보고 남아 있던 아이들 입에 하나씩 넣어 줬다. 집에 간 아이에게 엄마가 오늘 뭐 먹었냐고 묻자 아이는 방울토마토 한 개를 먹었다고 대답했다. 앞뒤 더 묻지도 않고 어린이집에 확인도 하지 않은 채 새우깡 사건과 묶어서 언론에 제보되었다.

"오늘 뭐 먹었니."
"방울토마토."
"몇 개?"
"한 개."

새우깡 사건은 어린이집에 올 때 과자를 가져오는 아이들을 교육시키기 위해 담임이 "오늘 하루만 친구들과 나누어 먹고 내일부터는 가져오지 않기로 해요?"라고 약속하고 새우깡 한 봉지를 반 전체가 나누어 먹었는데, 역시 집에 간 아이가 간식으로 새우깡 2개를 먹었다는 말에 엄마가 흥분해서 항의한 사건이다.

아동 학대 사건에 단골로 등장하는 급식 시간. 어린이집에서 아이들에게 밥을 먹이는 일은 교사들의 가장 큰 고충 중에 하나다. 밥만 보면 우는 아이, 앉아 있지 못하는 아이, 씹지 않는 아이, 삼키지 않고 물고 있는 아이, 뭐든지 뱉는 아이, 밥만 먹는 아이, 떠먹여 줘야 먹는 아이, 너무나 잘 먹는 예쁜 아이, 더 달라고 하는 기특한 아이, 다른 아이들 다 먹었는데 혼자 꾸물거리는 아이까지……

"싫어, 안 먹어 먹기 싫단 말이야."
"아, 맛있겠다 더 주세요."
"잘 먹었습니다."

아이들은 이렇게나 다르다. 성장기 아이들이 식욕이 없다는 것은 아이가 행복하지 않다는 증거다. 밥을 잘 먹는 아이들이 대부분 긍정적이고 적응도 빠르며 친구들과 잘 어울리고 등원 거부도 거의 없는 것을 보면 알 수 있다.

아이들은 본능적으로 부모들이 먹는 문제에 민감하게 반응한다는 것을 안다. 관심 받고 싶거나 요구하고 싶은 게 있을 때 곧잘 밥을 먹는 일로 협상하려고 한다. 아이가 정말 병이 나서 식욕이 없어 못 먹을 때를 제외하고 먹는 문제로 아이에게 끌려다니면 결국 아이의 다른 교육도 포기하게 된다.

매년 신학기에 있는 일이지만 아침마다 부모와 헤어질 때 한바탕 전쟁을 치루는 아이도 밥 잘 먹는 아이는 신기하게도 적응이 빠르다. 밥도 안 먹고 간식까지 안 먹는 아이는 적응하는데 1년 이상 걸리는 경우도 허다하다. 아이가 씹지 않으려 하는 것은 뇌 발달에도 영향을 미친다. 젖병을 오래 물리거나 건더기 없는 이유식을 오래 먹는 아이들에게 흔히 나타나는데 그냥 지나칠 일이 아니다.

부모들이 단체 생활을 시작하기 전에 제자리에 앉아 밥 먹는 습관을 갖도록 조금만 애써 주고 협조해 주면 아이들은 지금보다 훨씬 행복하게 어린이집에서 밥을 먹을 수 있다. 밥 먹는 교육이 제대로 된다면 기본적인 생활 습관 지도는 이미 절반 이상 성공한 것이다.

밥상머리 교육이 다시 주목받고 있다. 당연히 어릴 때부터 해야 하지만 하루 대부분을 어린이집에서 생활하는 요즈음 아이들은 자칫 시기를 놓치기 십상이다. 어릴 때 아버지는 우리 육남매가 눈을 반짝이며 부지런히 수저를 움직이게 하셨다. 지금과 달리 아침잠이 많던 시절 무조건 아침 밥상에 모여야 하는 것이 괴롭기도 했지만, 거역할 수 없는 무게감이 인생을 함부로 살지 않도록 기본을 가르쳐 주었다고 생각한다. 일찍 일어나 단정히 옷을 챙겨 입고 밥상에 앉는 것만으로도 이미 내가 부모로부터 받아야 하는 교육의 절반 이상은 끝났다고 생각한다.

중·고등학교 시절엔 그런대로 밥 먹고 학교에 가면 되니까 지킬 만 했지만, 대학생이 되어 아침 강의가 없는 날이나 주말에는 늦잠을 자고 싶어도 예외는 없었다. 언제나 온 식구가 같이 밥을 먹고 아버지가 출근하실 때 인사를 하고 나서야 자유 시간이 주어졌다. 사업 관계로 일찌감치 외국을 다니셨던 아버지는 포크와 나이프 사용법도 직접 가르쳐 주셨다. 아침엔 양식과 한식을 다 준비해 식성에 맞게 골라 먹게도 하셨다. 언니, 오빠 사이에 끼어 존재감이 미약했던 나도 밥 먹는 일로 가끔 투정을 부렸던 것 같았다. 샘이 유난히 많았던 나는 잘 먹지 않아 살이 찌지 않았다. 아침을 안 먹으려 하면 아침 일찍 시장에 가서서 싱싱한 토마토를 사다 그 당시엔 귀한 설탕을 뿌려 주시고 도시락을 몰래 빼놓고 학교로 도망가도 반드시 도시락을 학교로 가져다 주셨던 어머니의 정성도 대단하셨다. 어머니께서 돌아가시기 전에 음식을 잘 드시지 않아 어른이 이렇게 자식 속을 상하게 하면 되겠냐고 했더니 "네가 어릴 때 밥 안 먹고 속상하게 했던 거에 비하면 아무것도 아니지." 하시며 웃으셨다.

밥상에서는 모 든 교육이 가능하다. 수저를 잡는 것부터 바른 자세로 앉는 것은 물론 매너와 에티켓, 절제, 배려, 예절, 감사 모두를 배울 수 있다. 아들이 겨우 허리를 펴고 앉을 때니 돌 전이라고 기억된다. 수입과자 빼고는 새우로 만들었다고 선전하는 과자가 유일한 간식이었던 시절 아들이 제일 좋아하던 간식 역시 새우깡과 귤이었다. 어느 날 학교에서 돌아오니 아이가 앉아 새우깡을 먹고 있었다.

"엄마 좀 줄래?"

아이는 잠시 고민을 하는 듯 망설이더니 정말 신기하게도 제일 작은 새우깡 한 개를 집어서 내밀었다. 나도 모르게 아이의 손을 치며 나무랐다.

"엄마한테 큰 걸 많이 줘야지."

옆에 계시던 시어머니가 아기 데리고 별일이라며 웃으셨다. 그런데 그때부터 아이는 엄마가 달라고 하면 큰 걸 골라서 많이 주기 시작했다. 음식은 함께 나눠 먹는 거란다.

하루는 귤을 그릇에 담아 아이 앞에 가져가서 한 개를 들어 까기 시작했는데 아이가 갑자기 울기 시작한다. 영문을 몰라 아이를 살피니 아이가 귤을 들어 자기가 까려고 끙끙댄다. 근육이 발달되기 시작하면서 본인이 직접 하려고 하는 거다. 엄마 것도 까달라고 하면 좋아한다. 이럴 땐 가족 전체의 귤을 아이에게 까라고 하면된다. 껍질은 보기 좋게 엎어 놓으라고 가르쳐 주면 매너 좋은 사람도 될 수 있다.

손녀가 만 2살 때 아들 내외가 유럽 여행을 가서 일주일을 함께 지내며 가볍게 밥상머리 교육을 했다. 음식 이름도 알려 주고 색깔도 이야기하며 재미있게 밥을 먹었다.

"서령이 맛있게 먹어라."
"할머니도 맛있게 먹어."
"음, 서령인 맛있게 먹고 할머니는 맛있게 드세요.. 해야지."
"많이 드세요."
"이건 시금치야, 아까 봤던 시내버스랑 똑같은 색깔이지?"
"할머니, 시내버스는 초록색도 있고 파란색도 있어요.."
"서령이 뭐 먹고 싶어? 할머니가 만들어 줄게."
"음, 노란 콩나물 해 주세요.."
"우리 서령이가 왜 노란 콩나물이 먹고 싶을까?"
"노란 콩나물 먹고 아빠처럼 키 커질 거예요."
"서령이 과자 먹는구나. 할머니도 먹고 싶은데."
"많이 줘 봐, 긴 거 먹고 싶은데."
"많이? 이게 제일 길죠?"

독일 가정을 방문한 어떤 교포는 잘 차려진 식탁에 저녁을 먹으러 온 아이들에게 그 엄마가 한 이야기가 잊혀지지 않는다고 했다.

"너희들은 점심에 먹다 남은 거 먼저 먹어야지? 다 먹고 나면 저녁에 만든 음식을 나눠 줄 거예요."

독일 부모들이 제일 먼저 하는 교육 중 하나가 음식을 남기면 안 된다는 것이다. 그리고 먹고 난 그릇은 반드시 설거지통에 넣어야 하며, 설거지를 할 때는 반드시 물을 받아서 해야 한다고 가르친다고 한다.

"음식 입에 넣고 이야기 하면 안 된다, 남이 보면 불쾌하고 지저분하다."

결국 남이 봐서 불쾌하거나 지저분한 행동을 하면 안 된다는 교육을 밥상을 통해 하는 것이다.

어떤 교수님은 5남매 중 막내였는데 어릴 때 동짓날 어머니가 끓인 팥죽을 안 먹겠다고 떼쓰다 저녁을 굶은 뒤 다시는 음식 투정을 안하게 되었다고 했다.

"우리 막내는 팥죽을 싫어하는구나. 그런데 오늘 우리 집에는 팥죽밖에 없으니 막내는 굶어야 하겠네."

어머니는 더 권하지도 않고 다른 형제들과 맛있게 드시고 저녁상을 치워 버리셨다.

"아, 먹는 것으로 장난하면 안 되는구나"

가족이 함께 밥을 먹을 수 있는 시간은 그리 길지도 많지도 않다. 아이들이 학교와 학원을 다니기 시작하고 사춘기가 되면 더욱더 어려워진다. 어린이집 다닐 때 하지 않으면 이미 늦어 효과도 없다. 밥상을 통해 부모의 따뜻한 사랑을 전해 주면서 기본적인 교육이 이루어질 수 있도록 해보자.

 ### 셋, 배변훈련 시기가 너무 늦어진다

전 세계에서 교육열이 가장 높아 아이가 뱃속에 있을 때부터 교육을 시키는 우리나라 부모들이 유독 늦게 시키는 게 바로 배변훈련이다. 아이가 스트레스 받는다고 늦게 할수록 좋다는 게 부모들 사이에 유행이 된 모양이다.

정상적으로 성장·발달하는 아이는 개인차가 있지만 대개 24개월 쯤에 배변훈련을 끝내는 것이 가능하다. 적절한 시기에 배변학습을 해야 하는 목적은 대소변을 통제하는 기술, 즉 자신의 신체 기능을 스스로 조절하는 능력을 습득하도록 하기 위함이다. 아이가 대소변을 가린다는 것은 결국 자기 조절 능력이 생겼다는 의미이고 어느 정도 의사 표현이 가능해진 것이다. 부모들이 생각하는 것보다 많은 능력이 생겼다는 것을 의미하는데 무심하게 지나치고 있다.

10여 년 전만 해도 어린이집에서는 초여름이 시작되는 5월경 15개월 이상 되는 아이들의 배변훈련을 부모들의 협조를 얻어 함께 시작하는 것이 당연한 순서였다. 허나 언제부터인가 만 1세에 하는 배변훈련을 노골적으로 싫어하는 부모들이 많아지고 심지어 요즈음은 만 3세에 기저귀를 차고 오는 아이들도 있다. 만 2세에 어린이집에 오는 아이들은 대부분 낮에 기저귀를 차지 않는 게 가능하고 밤에는 아이에 따라 기저귀를 차고 자도 무방하다. 만 5세까지 야뇨증이 있는 아이도 가끔 있는데, 자율신경계 중 잠자는 동안 소변을 저장하는 교감 신경이 덜 발달되어서 나타나는 증상으로 너무 걱정하지 않아도 된다.

　　기저귀를 늦게까지 차는 것이 아이에게 별로 도움이 안 되는 것은 물론 오히려 늦어질수록 자존감을 떨어지게 한다는 것을 알아야 한다. 배변훈련은 아이가 심리적 신체적으로 준비가 안 된 상태에서 너무 일찍 시작하거나 엄하게 하면 불쾌한 경험이 되어 수치심이나 실패감을 느낄 수도 있지만, 요즘 같이 너무 느슨하게 해도 안 된다. 특별한 경우를 제외하고는 24개월까지 끝마치는 것을 권하고 싶다. 정상적으로 성장하고 있는 아이는 생후 12개월에서 20개월 사이에 점진적으로 배변훈련이 가능하다. 그때부터 배설물을 저장하는 항문의 괄약근이 성숙되고 복부 근육을 수축할 수 있기 때문이다.

　　배변훈련보다 정말 아이가 스트레스를 받는 것은 글자, 숫자 영어 같은 것을 미리 배우는 것이다. 배변훈련을 일찍 마친 아이가 느끼는 성취감을 부디 빼앗지 않기를 당부한다. 반면 너무 늦게까지 기저귀를 찬 아이가 느낄 좌절감도 잊지 말아 주길 바란다. 어린이집에서 배변훈련을 권하면 집에서도 협조해야 한다. 또래 친구들과 함께하면 실수해도 위로도 되고, 적절한 경쟁은 격려가 되기도 한다.

잘하던 아이가 실수하는 경우는 주변 환경의 변화로 일시 퇴행이 오는 경우가 있는데 대표적인 것이 동생이 생겼을 경우다. 흥분된 상태이거나 놀이에 깊이 빠져 자신의 생리적 욕구를 인식하지 못해 실수하는 경우도 있다. 몇 번의 실수를 거쳐 아이는 배변훈련을 훌륭하게 끝낼 수 있다.

넷, 인사 잘하는 아이로 키워야 한다

인사는 사람이 하는 가장 기본적인 일로 인사만 잘해도 대인관계의 절반은 이미 성공했다고 볼 수 있다. 인사 잘하는 사람치고 성격이 모난 사람이 거의 없는 것만 봐도 알 수 있다. 어느 가정을 방문했을 때 특히 아이들이 인사하는 것만 봐도 그 가정의 분위기를 알 수 있고, 실제로 기업 간의 큰 거래를 앞두고 그 회사의 분위기를 제일 잘 알 수 있는 게 직원들의 인사하는 얼굴 표정이라고 한다.

예전 독일의 한 회사 건물의 출입문이 너무 자주 망가지자 문이 망가지는 것을 조금이라도 늦춰 보려고 출퇴근 시간에 한 사람씩 '문 잡아주기 운동'을 했다. 앞 사람이 문을 잡고 뒤에 들어오는 사람에게 "안녕하세요" 하면 자연스럽게 뒷 사람이 "안녕하세요, 감사합니다." 하는 것이다. 결과는 놀라왔다. 거의 한 달에 한 번 꼴로 수리하던 출입문이 망가지지 않은 것은 물론 회사 전체의 분위기 달라지기 시작한 것이다. 특히 바쁜 아침 출근 시간에는 문을 열고 들어가서 꽝 하고 놓고 가는 바람에 뒤에 들어가던 사람이 문에 이마를 부딪히는 일이 비일비재하였는데, 문을 잡아 주면서부터는 웃는 얼굴로 출퇴근하면서 회사 분위기는 물론 업무 성과도 크게 좋아졌던 것이다.

인사를 하면 저절로 웃게 된다. 화를 내거나 찡그리면서 인사하는 사람은 거의 없다. 그래서 형식적으로도 반복해서 인사를 하게 되면 웃는 얼굴이 되는 것이다. 어린이집에 입소해 첫 번째 사회생활을 시작하는 아이들이 제일 먼저 배우는 것도 당연히 인사다. 선생님, 친구, 부모와 만날 때와 헤어질 때 인사하는 거로 어린이집 생활을 배우고 시작한다.

"안녕하세요? 선생님."
"아빠 안녕히 다녀오세요."
"엄마 안녕히 다녀오셨어요?"

친구 부모에게도 아이들은 인사를 한다.

"아! 영아 엄마다. 안녕하세요?"
"할머니! 안녕하세요."

아이들은 이렇게 인사로 하루를 시작한다. 말을 못하는 영아들은 부모나 선생님이 대신 인사말을 하며 보여 주면 아이들도 곧 따라하게 된다. 그런데 정작 모범이 되어야 할 부모들이 어린이집에 와서 교사나 원장을 보고 인사를 안 한다는 이야기들을 현장에서 많이 한다. 심지어 인사를 하는데 외면하는 부모도 꽤 있다. 현관에 아이를 밀어 놓고 뒤도 안 돌아보고 가는 아빠, 화난 듯이 아이 머리를 내리누르며 마지못해 "인사해." 하는 부모, 반갑게 맞이하는 교사의 인사말은 들은 채도 안하고 자기 말만 하는 할머니, "애, 잘 보슈." 하는 할아버지……

왜 인사를 안 하는 걸까? 부모가 인사를 안 하면 아이도 안 하는 경우가 대부분이다. 가끔 부모는 인사를 잘 하는데 아이가 잘 안하는 경우도 있다. 성격이 조금 내성적이고 부끄러워서 못하는 것으로 어린이집이 익숙해지면 잘하게 된다. 기다려 주면 된다.

아침저녁 굳은 얼굴로 인사도 안하고 아이를 데리고 오는 부모를 만나는 건 정말 괴롭다. 가끔 일부러 앞에 가서 인사를 하면 눈을 피하며 건성으로 마지못해 인사하는 경우도 있다. 가정통신문에 어린이집에 오면 인사를 해야 아이들이 보고 배운다고 내보낼 때도 있다. 인사도 하고 싶지 않은 어린이집에 아이는 왜 보내는지 솔직히 묻고 싶을 때도 있다. 부모들의 이런 태도는 아이들에게 어린이집은 좋은 곳이 아니라는 불안감과 함께 교사의 말은 듣지 않아도 된다는 생각까지 갖게 한다. 볼 때마다 인사하며 안기는 아이들이 선생님들에게 더 많이 사랑받는 것은 어찌 보면 당연하다. 그런 아이를 보면 기분이 좋아지기 때문이다. 어떤 부모는 만날 때마다 기분 좋아지고 힘이 나는데, 얼굴 마주치는 걸 솔직히 피하고 싶은 부모도 있다. 대부분 뚱하니 인사도 안 하고 눈도 피하면서 아이 등만 밀어서 들여보내는 부모들이다.

우리 어린이집 아이들은 아침에 어린이집에 오면 이렇게 인사한다.

"선생님, 안녕하세요? 소연이 엄마랑 어린이집에 왔어요."
"선생님, 안녕하세요? 정연이 아빠랑 동생이랑 어린이집에 왔어요."

당연히 영아들은 부모나 선생님이 대신해야 한다.

"선생님 안녕하세요? 서연이 어린이집에 왔어요. 오다가 수영이 만나서 같이 왔어요."
"선생님 안녕하세요? 주영이 엄마 아빠랑 어린이집에 왔어요. 오다가 원장 선생님 만나서 인사했어요."
"선생님 안녕히 계세요. 주희 엄마랑 집에 갑니다."
"선생님 안녕히 계세요. 정호 할머니랑 집에 갑니다. 오늘은 공원 놀이터에서 조금 놀다 갈 거예요."

인사만 잘 가르쳐도 아이들이 성장하는 모습을 기쁘게 바라보며 확인할 수 있다.

우리나라의 배꼽 인사는 이제 전 세계 사람들이 다 아는 공손한 인사의 대명사다. 어린이집에서 시작된 배꼽 인사는 어른들이 했을 때도 상대방의 경계심을 한순간에 무너트리는 신비한 힘을 갖고 있다. 원래 굴신례(屈身禮)라고 하는 조선시대 인사법으로, 실내에서는 절을 하는데 길에서 어른을 만났을 때는 앉아서 절을 할 수 없으니 허리를 굽혀 예를 표하는 것이다. 두 손을 마주 잡고 45도 정도로 허리를 굽혀 인사하는 건데, 어린아이들은 머리가 무거워 많이 숙이다 보니 지금의 배꼽 인사가 된 것이다. 여자는 오른손, 남자는 왼손이 위로 오게 마주 잡고 허리를 굽혀 천천히 인사하면 세상 누구보다도 교양 있는 인사법이 된다. 원래 인사말은 인사를 하고 난 뒤 상대편 얼굴을 보고 웃으며 나중에 하는 것이다.

쌍둥이를 어린이집에 보내던 어떤 엄마는 어린이집을 드나들 때마다 현관에서 아이와 함께 셋이서 배꼽 인사를 했는데 집에서도 아빠가 출퇴근할 때 셋이서 함께 배꼽 인사를 한다고 했다. 아빠와 선생님을 존중하는 모습을 아이들에게 보여 주고 싶다고 하셨다. 내 소중한 이이가 제일 먼저 배워야 하는 것은 사람을 아끼고 존중하는 것으로 그 첫 번째 표현이 인사라고 생각한다.

가정 교육의 가장 기본은 인사다. 사람을 보고 인사도 하지 않으면서 인성 교육을 운운하는 것은 다시 생각해 볼 일이다. 부모들은 어떤 거창한 교육보다 아침저녁에 만나는 어린이집 선생님과 반갑게 인사하는 것을 아이들에게 보여 주는 것으로 가정 교육을 시작하기 바란다.

 다섯, **아이들에게 끌려다니면 안 된다**

아이들 인성 교육 문제가 모든 교육 기관의 가장 우선인 지금,

초등학교 고학년때나 하는 행동들을 빠르면 만 2세부터도 한다. 예전부터 문제 있는 부모는 있어도 문제 있는 학생은 없다고 했던가? 아직은 친구들보다 부모의 영향력 하에 있는 어린이집 아이들은 부모가 사는 모습을 그대로 배운다고 해도 과언이 아니다. 부모가 인사를 안 하면 아이도 안 하고, 부모와 똑같이 늦잠 자고 욕하고 편식하고 약속을 안 지키고 잘 웃지도 않는다.

요즈음 부모들은 왜 아이들을 훈육하지 않을까? 아이들은 가르쳐 주지 않으면 아무것도 할 수가 없다. 본능에 맞춰 요구하고 자기 마음대로 하려고 한다. 어른들은 분명히 연령에 맞게 해야 할 일과 하면 안 되는 일을 알려줄 의무가 있다. 세상에서 가장 친절하고 단호한 사람이 부모와 교사가 되었을 때 비로소 아이는 제때 배울 것을 배운다. 아주 어릴 때부터 부모 말도 안 듣고 선생님 말도 귀담아듣지 않는 아이가 과연 개성 강한 아이, 창의력이 뛰어난 아이가 될까? 종합병원 응급실 의사 선생님이 들려준 이야기다. 코감기에 걸린 아이를 아빠가 응급실에 데려왔는데 의사 선생님이 감기에 걸린 것이니 걱정 안 해도 된다고 했지만 아빠는 정밀검사를 원했다. 의사 선생님은 면봉을 코에 넣어 분비물 검사를 해보자고 했지만, 아이는 당연히 싫다고 울었고, 의사 선생님은 아빠에게 아이를 잡으라고 했지만 아빠는 어쩔 줄 몰라 쩔쩔맸다. 아이가 계속 울고 뿌리치니 더 이상 검사를 진행할 수 없었다. 당연히 아빠는 아이를 달래며 설명을 해야 했다. 아이는 어른들의 말을 충분히 알아들을 수 있는 정도의 나이로 족히 여섯 살은 되어 보였다.

"살짝 간질거리기는 해도 아프지는 않을 거야. 아빠가 손잡아 줄게.
서윤인 잘할 수 있을 거야."

그래도 아이가 거부하면 단호하게 말해야 한다.

"서윤이가 이렇게 울고 움직이면 선생님이 검사를 하실 수 없지. 그러
면 아픈 것이 낫지 않고 계속 병원에 와야 해. 울어도 아빠는 더 이상
도와 줄 수가 없어. 가만히 있어."

그런데 아이 아빠는 갑자기 아이 손을 잡더니 이렇게 말했다.

"서윤아 미안해, 아빠가 잘못했어."

결국 아이는 검사를 못하고 그냥 집으로 갔다. 그 아빠가 뭘 잘
못해서 아이에게 사과했는지 지금도 알 수 없다고 했다.

만 3세가 되기 전에 해야 할 일과 하면 안 되는 것을 분명히 알
려 줘야 한다. 위험한 물건은 만지거나 던져도 안 되고, 사람을 특
히 얼굴을 때려서는 안 되고 밥은 제자리에 앉아서 먹어야 한다고
설명해줘야 한다. 아이가 말을 하기 시작하면 이제부터는 울면서 떼
쓰는 것은 들어주지 않는다는 약속을 하는 등 훈육해야 한다. 부모
로서 권위를 갖는다고 아이가 부모를 싫어하거나 비뚤어지는 게 아
니다. 영아 때는 훈육한 뒤 안아 주고 달래 주면 곧 마음이 풀린다.
그래서 영아 때는 조금 엄하게 교육해도 된다.

아이가 좋은 생활 습관이 몸에 배면 부모들이 열망하는 공부를
잘하는 것은 물론 누구에게나 인기 있는 매력적인 사람이 될 것이다.

무서워하는 것과 어려워하는 것은 분명히 다르다. 아이가 부모나 선생님의 말을 어려워하지 않는다면 이미 교육의 시기를 놓친 것이다.

여섯, 때로는 따뜻한 눈으로 지켜보며 기다려 줘야 한다

오래전 1992년쯤인가 대한민국을 혼란에 빠트린 대학 부정 입학 사건이 있었다. 그 당시 부유하거나 권력이 있는 부모들이 대학에 수억씩 주고 자녀들을 부정 입학시킨 일로, 초등학생이었던 아들과 같은 반 친구의 엄마가 큰아들 입시 부정으로 TV에 머플러로 얼굴을 가리고 등장한 모습은 충격적이었다. 지금처럼 큰 모자가 달린 패딩 점퍼가 없던 시절이라 아무리 얼굴을 가려도 누구인지 알 수 있었다. 그래도 가끔 얼굴을 마주쳤던 사람이었고 아직 어린 아들의 친구가 받을 충격이 마음에 걸렸다.

그 일이 연일 신문 방송에 보도될 때 유명 일간지에 한 여류 문인이 우리나라 엄마의 유형에 대해 쓴 글을 기고한 적이 있다. 오랜 세월이 지났는데도 대한민국은 전혀 달라지지 않았고 어떤 면에서는 더 심해졌다는 생각이 들어 가끔 부모 교육 자료로 활용하고 있는 내용이다.

첫 번째 엄마 유형은 '밀모'로 일명 밀어주는 엄마다. 다른 말로는 전래 동화에 나오는 팥쥐 엄마란다. 아이의 능력이나 적성과는 상관없이 돈이나 권력을 이용해 아이를 밀어준다는 것이다. 영화 베테랑에서 유아인이라는 배우가 맡았던 그런 사람이 되기 십상이다. 실제로 드라마나 소설에 나오는 돈이나 권력을 이용해 잘못 키운 자식들 이야기들이 현실에서 실제로 일어나고 있다는 것을 모르는 사람이 얼마나 있겠는가?

다행히 갑질이라는 용어가 생기면서 나쁜 짓을 하고도 돈이나 권력을 이용해 해결하고 경제력만으로 급을 결정하는 일이 조금은 줄어들지도 모른다는 기대를 갖는 것은 순진한 생각일까?

두 번째 엄마 유형은 '뛰모', 뛰어다니는 엄마다. 마음은 밀모 못지않은데 불행하게도 돈도 권력도 없으니 대신 열심히 뛰어다니며 정보를 수집하고 아이를 재촉한다. 그래서 생겨난 게 일명 '돼지엄마'다. 온갖 입시 정보와 학원 정보를 이용해 바쁘고 순진한 엄마들에게 또 다른 갑질을 하는 것이다. 특정한 그룹에 끼기 위해 '돼지엄마'에게 명품을 선물하고 아부까지 해야 한다는 이야기도 전해진다.

요즈음 '돼지엄마'의 기세가 전만 못하다고 하니 그나마 다행이다. 뛰모는 현재 우리나라에서 가장 많은 유형으로 아이의 수업 진도를 체크하는 것은 물론이고 시험 공부도 같이 하고 온갖 학원으로 아이를 실어 나르며 온통 아이 공부에만 관심을 둔다. 다른 가족은 심지어 남편도 안중에 없다. 그러다 마음대로 되지 않으면 아이를 데리고 외국으로 나간다. 전 세계 어디에도 없는 기러기 아빠가 생기는 것이다. 가끔 보이는 외로움과 경제난으로 목숨을 끊는 기러기아빠 기사는 지금 우리가 아이들을 어떻게 키우고 있는지를 단적으로 보여 주는 증거다. 경제적으로 여유가 있어 언제든지 비행기를 타고 아내와 아이를 만나러 간다는 독수리 아빠라고 크게 달라지는 건 없다.

그렇게 뛰고 싶으면 한국에서 뛰자. 예전 같이 유학을 갔다 왔다고 아이의 인생이 크게 달라지는 세상이 아니라는 것을 우리는 잘 알고 있다. 개인적인 생각이지만 아이가 어릴 때 굳이 유학을 보내고 싶으면 가족 전체가 가든지 아니면 아이가 커서 스스로 선택해서 아이 혼자 갈 수 있을 때까지 기다렸으면 좋겠다. 사실 여기서 더 문제가 되는 것은 어설픈 뛰모다. 정확한 정보도 없이 여기저기서 주워들은 정보를 조합해 아이를 괴롭히는 것은 '돼지엄마'보다 못한 결과를 가져 온다.

세 번째 엄마 유형은 '주모'다. 즉 주무시는 엄마다. 아이가 언제 시험을 보는지, 친구 관계는 어떤지 요즈음 기분은 괜찮은지, 학교 생활은 어떤지 관심도 없다. 잘 모르니 방치하고 아이가 시험 공부를 하고 있어도 쿨쿨 잔다고 해서 주모가 된 모양이다.

예전엔 먹고 살기 힘들어서 또는 학교 교육을 받지 못한 엄마들이 많아서 아이들의 학교 생활이나 시험에 관심조차 가질 수 없었기에 주변에서 주모를 많이 볼 수 있었다. 가끔 그런 엄마 밑에서 개천에 용이 나듯 수재가 나타나기도 했던 것은 살뜰하게 보살피진 못해도 전해지는 엄마의 사랑을 아이는 분명히 알고 있었기 때문일 것이다. 오히려 부모의 지나친 관심과 간섭을 받지 않고 스스로 모든 것을 결정하고 책임지며 노력해야 하는 환경이 아이에게 긍정적인 영향을 주기도 했던 것 같다.

하지만 세상이 바뀌면서 요즘의 주모는 예전과는 다른 양상을 보이고 있다. 단순히 귀찮아서, 성가셔서 아이를 방치하거나 돌보지 않는 개인주의 성향의 엄마가 늘어났다. 어린이집에 예전과는 달리 아빠 혼자 양육하는 가정이 많이 늘어난 것만 봐도 알 수 있다. 농담 반 진담 반으로 요즈음엔 아이에게 올인하는 집착형 엄마와 아이를 전혀 돌보지 않는 방임형 엄마만 있는 것 같다고 이야기 하기도 한다.

네 번째 엄마 유형은 '지모', 지켜보는 엄마다. 적당히 거리를 두고 아이를 지켜보다 아이가 위험하거나 요청할 때만 도와준다. 예전에 엄마들이 아이가 공부하는 곁에서 아는 게 없어서 직접 가르쳐 주지는 못하지만 가끔 꾸벅꾸벅 졸면서도 잠을 자지 않고 뜨개질도 하고 간식도 챙겨 주며 곁을 지켰던 모습을 상상하면 될 것 같다. 가장 이상적인 모습이라고 하면 시대에 뒤떨어지는 생각이라고 비난받을까?

요즘 우리나라 부모들을 '헬리콥터 부모' 혹은 '잔디깎기 부모'라 한다는데, 지모는 아이 주위를 빙빙 돌며 일일이 간섭하고 지시하고 대신 해결해 주는 헬리콥터 부모와는 다르다. 아이 스스로 생각하고 해결점을 찾아내는 동안 기다려야 하는데 바쁘기도 하고 조급하기도 해서 요즘 부모들은 혼자 신발 신을 시간조차 기다려 주지 않고 대신 해결해 준다. 잔디깎기 부모는 모두가 알다시피 아이가 넘어질까 봐 아이 앞에 있는 잔디까지 미리 깎아 주는 부모를 말하는 것이다. 아이가 지금 살고 있는 세상과 앞으로 살아갈 세상에 아무런 장애물이 없을 것이라고 믿는 걸까?

문득 어떤 원장님이 이야기했던 쌍둥이 아빠가 생각난다. 한참 뛰어놀 만 2세 남자아이들인데 놀다가 몸에 생기는 조그마한 상처도 이해 못하고 특히 아빠가 노골적으로 화를 내서 선생님들이 힘들어 했단다. 담임은 내년에도 그 아이들 담임을 맡게 된다면 사표를 낸다고까지 했다. 어느 날 잔디가 펼쳐진 공원으로 현장 학습을 갔는데 아빠의 화내는 얼굴이 생각나서 도착해서 돌아올 때까지 원장님이 두 아이의 손을 잡고 잔디 마당을 뛰어 다녔다고 했다. "아이는 과연 행복했을까?" 뛰어다니다 넘어지고 다시 일어나고 무릎이 살짝 까지는 것 정도는 툭툭 털고 일어나는 일부터 배워야 세상에 도전할 수 있다고 생각한다.

마지막 엄마 유형으로 '기모'를 하나 더 추가하고 싶다. 기모는 기도하는 엄마다. 나는 특별한 종교를 가지고 있지 않지만 자녀들에게 지나치게 강요하지만 않는다면 유혹이 많고 시시각각으로 변하는 경쟁 사회에서 바람직한 신앙 생활을 하는 부모의 모습이 아이들에게 도움이 되지 않을까 싶다. 전국에 흩어져 있는 수많은 사찰에 걸려 있는 연등이며 기왓장에 이름을 새기고 아이의 대학 입시와 취업을 위해 매일 새벽 기도를 가는 엄마들을 우리는 자주볼 수 있다.

한 사학과 교수님은 학생들을 데리고 여기저기 유적 탐사를 다니다가 차가 전혀 다니지 않은 깊은 절에서 자신의 이름이 쓰여 있는 연등이나 기왓장을 보았던 가슴 메는 추억을 이야기하신 적이 있다. 다리가 불편해 잘 걷지도 못하시는 분이 차도 못 들어오는 이험한 길을 걸어오셨다는 자체가 감동이었다고 했다.

어떤 사람은 새벽에 조용히 일어나 자신 옆에서 기도를 하거나 성경을 들고 자식을 위해 하루도 빠지지 않고 새벽 기도를 가시는 어머니를 보며 많은 유혹으로부터 자신을 지킬 수 있었다고도 했다. 특별히 대단한 것을 해주려 하지 말고 우선 아이의 곁을 지켜 주며 포기하지도 서두르지 말고 기다려 주는 것으로 좋은 부모 역할을 시작해 보자.

앞으로의 세상은 우리가 쉽게 예측할 수 있는 세상이 아니다. 우리가 지금까지 알고 있는 지식으로는 대비할 수 없기 때문에 기존에 부모들이 꼭 해야 한다고 생각했던 지식 교육이나 특별 활동 같은 것에 연연해하면 분명 실패하게 될 것이다. 아이가 어떤 상황에 처해도 어려움을 이겨낼 수 있는 적응력과 융통성을 키워 줘야 한다. 혼자 생각하고 시도하고 좌절도 하고 싸워도 보고 넘어지고 다치며 스스로 해결할 수 있는 능력을 하나씩 배울 수 있도록 기다려 주자.

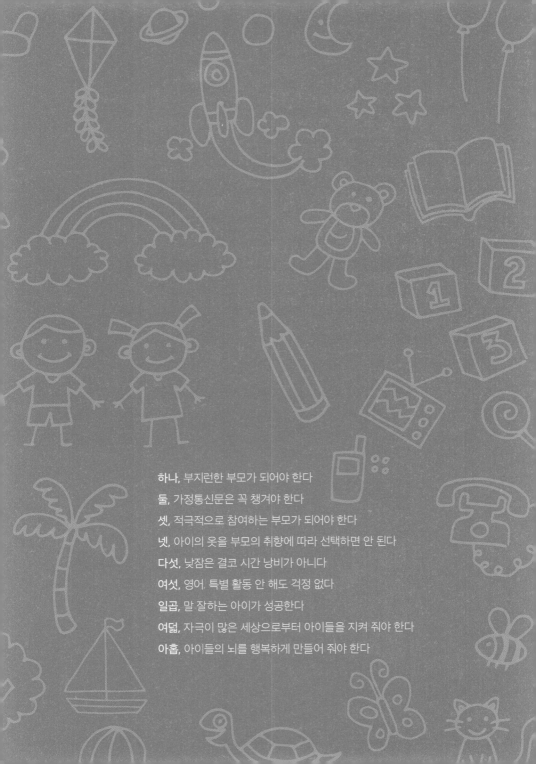

하나, 부지런한 부모가 되어야 한다

둘, 가정통신문은 꼭 챙겨야 한다

셋, 적극적으로 참여하는 부모가 되어야 한다

넷, 아이의 옷을 부모의 취향에 따라 선택하면 안 된다

다섯, 낮잠은 결코 시간 낭비가 아니다

여섯, 영어. 특별 활동 안 해도 걱정 없다

일곱, 말 잘하는 아이가 성공한다

여덟, 자극이 많은 세상으로부터 아이들을 지켜 줘야 한다

아홉, 아이들의 뇌를 행복하게 만들어 줘야 한다

• 다섯 번째 이야기 •

나도 좋은 부모가
될 수 있다

나도 좋은 부모가
될 수 있다

 하나, **부지런한 부모가 되어야 한다**

아이가 어린이집에 다니기 시작하면 부모가 먼저 부지런해져야 한다. 처음부터 계획 없이 마음의 준비도 하지 않고 아이를 어린이집에 보내게 되면 악순환이 계속되고 아이도 부모도 지치게 된다.

좋은 부모는 저절로 되는 것이 아니다. 부모 자체가 원래 좋은 사람이어야 좋은 부모가 되고 아이도 좋은 사람으로 키울 수 있다. 좋은 생활 습관이 몸에 배어 있지 않은 부모는 아이를 혼란에 빠트린다. 일관성 없이 아이를 대하기 때문에 아이들은 변덕스러워지기 쉽고 상황에 따라 요령을 피우고 떼를 쓰며 부모들을 점점 신뢰하지 않게 된다.

아이가 태어나면 하루의 일과에 나름의 원칙을 갖고 아이가 좋은 생활 습관을 가질 수 있도록 신생아 때부터 잠자는 시간에 좀더 관심을 갖도록 권하고 싶다. 잠을 잘 자면 당연히 잘 먹게 되고 배변도 원활해진다. 모든 것이 잠자는 것으로부터 시작되기 때문이다. 선천적으로 예민한 아이들은 밤낮이 바뀌거나 자주 깨면서 잘 먹지도 않고 어릴 때부터 질병에 노출될 확률이 높다. 먹는 것도 중요하지만 우선 아이가 깊은 잠을 잘 수 있는 환경을 만들어 주는 것이 부모가 할 첫 번째 일이라고 생각한다.

부모의 직업이나 출퇴근 시간 때문에 아이의 수면 시간에 문제가 생기는 경우가 많은데 돌이 되기 전에 특히 일찍 자고 일찍 일어나는 습관이 몸에 배도록 해야 한다. 아이가 일찍 자면 저녁에 부모는 여러 가지 일을 미리 해놓을 수 있고, 아이가 일찍 일어나면 아침이 훨씬 여유로워진다. 자는 아이를 둘둘 말아 어린이집에 놓고 가면 부모도 속상하고 밤새 속이 빈 아이는 기분 좋게 하루를 시작할 수 없다. 이런 상황이 반복되면 결국 성장에도 문제가 생길수 있다. 또한 잠을 덜 잔 아이는 어린이집에 이미 기분이 나쁜 상태로 오기 때문에 적응에도 시간이 걸리고 아이에 따라서는 어린이집은 기분 나쁜 곳이라는 생각을 갖게 된다.

영국 BBC에서 만들어 전 세계에 보급되었던 〈텔레토비〉라는 아이들이 즐겨 보던 프로그램이 있었다. 방송국에서 프로그램을 만들어 보급할 때 전제 조건이 오전 7시 전에 방송하는 것이었는데, 아이들을 일찍 일어나게 하고 싶은 제작자의 마음을 반영했다고 한다. 아이들은 텔레토비를 보기 위해 저녁에 일찍 자고 아침에일찍 일어나 텔레토비를 본 뒤 천천히 아침을 먹고 쉬었다가 등원하거나 등교하면 된다. 아이가 어릴 때는 밤늦게 보는 드라마도 사실은 포기해야 한다. 〈태양의 후예〉의 내용을 아는 아이는 이미 잠자는 습관이 나쁘게 들은 아이다.

1980년생인 아들의 중학교 입학식에서 들었던 교장 선생님의 당부 말씀이 정말 오래 되었는데도 잊혀지지 않는다.

"아이들에게 꼭 해 주셔야 하는 일은 우선 아침을 먹여서 학교 보내는 거고, 교복 좀 깨끗하게 해서 보내 주십시오."

아침밥은 이해하겠는데 남자아이 교복 이야기는 처음엔 잘 이해가 가지 않았지만 열심히 아침밥을 챙기고 도시락 반찬을 준비했다. 교복도 바지는 2개를 사서 번갈아 다려 입히고 하복 상의는 아예 3개를 사서 번갈아 가며 깨끗하게 입게 했다. 하다 보니 단순한 것 같은 이 일을 계속해서 하는 건 결코 쉬운 일은 아니었지만 결국은 아이도 나도 생활의 작은 규칙 속에서 자신의 삶을 이끌어 가는 원칙 같은 것들이 생겼던 것 같다.

외조부와 함께 자란 아들은 외할아버지 출근 시간에 맞춰 일찍 일어나 아침을 먹고 새마을 유아원, 지금의 어린이집에 다녔는데 아침을 일찍 먹고 어린이집에 가니 당연히 점심도 맛있게 먹었다. 선생님들은 그런 아들을 기특해 하셨고 가끔 길에서 만난 어린이집 조리사는 볼 때마다 "관영인 가리지 않고 너무 잘 먹어 예뻐요."라고 아들을 칭찬하곤 했다.

서울시 산하 연수원에 근무하던 나는 월요일에 출근하면 이틀을 학생들과 자고 수요일에 퇴근했다. 그리고 다시 목요일에 출근해서 일을 마무리했다. 일요일 저녁이면 아이가 일주일 동안 입을 옷을 요일별로 정리해서 서랍에 넣어 놓고 출근했다. 아이는 서랍을 열어 원하는 덩어리 한 개를 꺼내면 바지와 셔츠, 양말까지 준비되어 있으니 바로 입고 어린이집에 가면 된다. 그 당시 바쁜 생활 중에도 직장 생활과 학업을 병행하며 몸에 밴 집안 정리 등 일상생활을 이끌어 가는 습관들은 오랜 직장 생활에도 나를 흐트러지지 않게 하는 좋은 원동력이 되었던 것 같다.

일찍 일어나 시간이 많은 아이는 아침을 먹고 놀다가 천천히 걸어서 어린이집에 가도 되었고 다행히 어린이집을 졸업할 때까지 감기도 잘 걸리지 않아 연수원에서 아이 때문에 어린이집으로 급히 간 적은 없었던 것 같다. 지금 7살인 손녀도 잠자는 습관이 잘 들어 특별한 경우를 빼고는 어린이집에 안 가는 주말에도 아침 6시면 일어나는 새 나라의 어린이로 건강하게 자라고 있다.

바쁜 부모들은 시간적 여유가 있는 부모들보다 조금 더 부지런해질 수밖에 없다. 아이가 입고 갈 옷도 준비물도 전날 저녁에 미리 아이와 함께 준비해 두고 간단히 먹을 아침도 챙겨 둔다. 아침을 많이 먹일 필요는 없다. 어린이집에서 오전 간식을 먹기도 하고, 아침이 부실한 아이들을 위해 대부분 점심시간이 빠른 편이다.

어릴 때 어린이집에 잘 다니면 좋은 생활 습관이 몸에 배어 매사 긍정적이며 이해심도 배려심도 많은 좋은 사람이 될 수 있다. 여러 친구들과 함께 생활하기 위해서는 매일 저녁 목욕도 해야 하고 옷도 깨끗하게 입어야 하며 너무 늦게 어린이집에 가면 친구들과 잘 놀 수 없는 것도 아이들 스스로 알게 되면서 부지런해진다. 몸이 조금 피곤해도 미리미리 준비하는 부지런한 생활이 활력을 준다는 걸 꼭 경험해 보기 바란다.

어린이집에서 아이들의 생활도 결국은 어른들의 사회생활과 별반 다를 것이 없다. 남에게 피해를 주지 않는 사람이 주위 사람들에게 좋은 인상을 주기 때문이다. 매일 울면서 와서는 떼쓰고 늦게 와서 수업하고 있는 선생님 불러내서 아이들 방치하게 하고 기분이 나쁜 상태로 등원한 아이는 친구들에게 화풀이하고 아이들은 끝없이 불평한다.

"선생님, 친구가 울어요, 때려요, 밀어요."
"선생님, 친구가 양보를 안 해요."
"선생님, 친구가 밥을 안 먹고 뱉어요."

이런 모든 일들이 잘못된 작은 생활 습관에서 시작되어 여러 복합적인 원인과 함께 부모와 아이 모두에게 어린이집 생활을 힘들게 하는 것이다. 최근에는 예전과 달리 부부가 합심해서 아이와 좋은 관계를 유지하며 현명하게 대처하는 모습들이 점점 늘어나 그나마 다행이란 생각이 든다.

"조금만 더 부지런해지자. 아주 조금만 더."

둘, 가정통신문은 꼭 챙겨야 한다

　어린이집에서는 매주 가정통신문을 보내고 매달 한 번 식단도 보내며 영아들은 매일 관찰일지도 보낸다. 요즈음은 긴급한 요청 사항이 있으면 어린이집 휴대전화로 문자를 보내 협조를 구한다. 맞벌이하는 부모들의 사정을 지나치게 배려해서 최대한 모든 것을 어린이집에서 해결하려 하는 것은 문제가 있다고 생각한다.

　아이들이 어린이집에서 어떤 음식을 먹고 무슨 놀이를 하고 어떻게 무엇을 협조해야 하는지 전혀 궁금하지 않은 부모들이 의외로 많아 난감할 때가 많다. 친구들과의 사소한 다툼이나 모기에 한 번 물린 것에도 예민하게 반응하는 부모들이 어쩌다 한 번 부탁하는 준비물을 안 보내 아이를 슬프게 하는 경우가 허다하다. 어린이집에서 미리 준비해 수업을 진행해도 아이는 이미 부모가 챙겨 주지 않은 것을 안다.

　영아들의 하루 일과를 매일 적어서 가정으로 보내는 일은 정말 힘든 일이다. 바쁜 부모들도 매일 아이들 일지를 보고 몇 자 적는 게 쉽지 않을 것이다. 글 쓰는 것 자체를 부담스러워하기도 하고 매일 부탁만 하는 것 같아 미안하다는 분들도 있지만 일주일 내내 아예 한 번도 안 보고는 엉뚱하게 교사에게 안 알려 주었다고 화내시는 분들도 많아 교사들을 당황하게 한다.

　어린이집을 옮긴 뒤 유난히 주말 이야기를 하는 것을 부담스러워 하던 손녀가 하는 이야기를 듣고 깜짝 놀란 적이 있다.

"나는 말하기 싫어서 그냥 맨날 산에 갔다고 해."

부모가 유아들이 가지고 다니는 수첩에 주말 이야기를 간단히 요약해 적어 보내 주면 담임 선생님이 미리 질문을 해서 아이가 이야기를 할 수 있게 자연스럽게 유도할 수 있고, 아이는 점차 편하게 주말 이야기를 할 수 있게 된다.

간호사였던 어떤 엄마는 삼교대를 하면서도 하루도 빠지지 않고 딸아이 영아 수첩에 색연필로 그림까지 그려가며 육아 일기를 쓰듯이 적어 보내기도 했다. 아빠 혼자 아이를 돌보면서도 매일 꼼꼼하게 관찰 일지나 통신문을 보고 최선을 다하는 부모를 보면 감동하게 되고 무엇이라도 도와주고 싶은 마음이 생기는 것은 당연하다. 그림을 안 그려도 되고 길게 쓰지 않아도 된다. 일 년 내내 단 한마디도 적지 않고 수첩 혼자 왔다 갔다 하게 하는 부모를 보면 아이가 가엽다는 생각을 지울 수가 없다.

아이는 부모와의 추억을 먹고 자란다. 부모와 함께 준비물도 챙기며 이야기하고 느꼈던 추억들이 쌓여 아이는 바쁜 부모도 이해하게 되고, 가급적 많은 일들을 혼자 해야 된다는 것을 자연스럽게 알게 된다.

어린이집에서 보내는 가정통신문이나 유인물을 대충 보지 말고 꼼꼼히 살펴 아이가 상처 입지 않게 해야 한다. 가끔 만나는 손녀는 할머니를 만나면 종알종알 여러 가지 이야기를 한다.

"할머니 우리 반에 어떤 애는 매일 준비물을 안 가져 와요."

"지난번에 엄마가 숟가락 안 챙겨 줘서 밥 먹을 때 고생했어요."
"저번에도 아빠가 속바지를 안 챙겨줘서 어린이집에 그냥 갔어요."

아이가 혼자 준비물을 챙길 수 있을 때까지는 시간이 필요하다. 아이는 어릴 때부터 부모가 어린이집이나 학교에서 가져오는 유인 물을 어떻게 보며 취급하는지를 보고 자라며 그대로 배운다.

아들이 초등학교 때 소풍이나 캠프를 가면 엄마가 꼼꼼하게 짐을 싸줬더니 돌아올 때 짐을 많이 **빠트리고** 왔다. 가져간 짐을 잘 챙겨 오라고 잔소리를 했더니 다음엔 친구들이 버리고 간 온갖 남은 물건들을 다 가져왔다.

"니 물건만 가져와야지, 남의 물건을 가져오면 어떡해."
"내가 뭘 가져갔는지 모르는데 어떻게 챙겨 와요."

처음엔 부모가 꼼꼼하게 챙기는 것을 보여 주고 점차 아이와 함께 챙기다 혼자 준비물을 챙길 수 있도록 해야 한다. 작은 생활 습관이 아이의 성품을 좌우한다는 것을 잊지 않았으면 좋겠다.

 셋, **적극적으로 참여하는 부모가 되어야 한다**

어린이집에서는 일 년에 한두 번 부모 교육을 진행한다. 원장이나 교사들이 제일 힘들어 하는 부분이다. 어렵게 강사를 초청했는데 오지 않는 부모들 때문에 난감한 적이 한두 번이 아니다. 우리 어린이집은 초창기엔 두 달에 한 번씩 하다 몇 년 전까지는 맞벌이 부모들을 생각해서 상반기 두 번, 하반기 두 번을 부모 교육 시간으로 정했는데, 최근에는 연합회 행사와 열린 어린이집 행사로 상하반기 한 번씩으로 바꿀 수밖에 없게 되었다.

어린이집 부모 교육은 2016년부터 매년 2월에 서울시 주관으로 각 구청에서 실시하는 '사전 부모 교육'과 '어린이집 신입생 오리엔테이션'으로 시작한다. 우리 어린이집은 사전 부모 교육 수료증을 입소할 때 복사해서 제출하라고 한다. 중간에 입소하는 경우는 서울시 육아종합지원센터에서 주기적으로 실시하는 사전 부모 교육을 들으라고 안내한다.

3월 말이나 4월 초에 상반기 부모 교육을 진행하는데, 어린이집에서 시행하는 프로그램을 함께하기 위해 부모가 당장 집에서 실천할 수 있는 '밥상머리 교육' '우리 아이 말 잘하는 아이로 키우기' '우리 아이 좋은 사람 만들기' '기본 생활 습관 지도'와 같은 내용으로 원장이 직접 교육한다. 원장 눈치가 보여서 그런지 비교적 출석률이 높다. 5월에는 연합회 주최 운동회를 하고 6월엔 구청 강당에서 대규모 부모 교육도 한다. 9월이 되면 외부 강사를 모시고 특강을 하고 10월엔 연합회 주최 보탬 바자회를 하고 11월에는 참관 수업이나 참여 수업을 한다.

전부 참석하면 한 달에 한 번꼴로 행사에 참석하게 된다. 여기에 새로 생긴 열린 어린이집 행사까지 더한다면 충분히 부담스러울 수 있다. 물론 연합회 행사는 강제 사항이 아니기 때문에 크게 부담 가질 일은 아니다.

신입생 오리엔테이션과 부모 참관 수업이나 참여 수업은 너무 많이 오셔서 걱정이다. 발표회도 아닌데 온 가족이 다 참석한다. 조부모에 일가친척까지 다 오셔서 인원을 제한해야 할 경우도 생긴다. 그래서 우리 어린이집은 특히 상·하반기 부모 교육 참가를 독려한다. 가급적 모두 참가해 강의를 듣기를 요청한다. 어린이집에서 하고 있는 자체 프로그램과 연관된 내용을 강의하기 때문에 의무라는 개념을 부여한다. 부부가 함께 참여하면 선물도 준비해서 격려하고, 참석하지 않으면 원장님 개별 면담이 있다고 귀여운 협박도 한다. 결국 꼭 참석하기를 원하는 것이다.

일 년이 지나면 부모 교육이나 행사 참석 상황을 종합해 분석한다. 20년이 지나도 변하지 않는 진리는 부모 교육 참석 여부와 어린이집에 대한 부모의 긍정적 관계 형성은 정비례한다는 것이다. 신기하게도 늘 어린이집에 불만이 많은 부모들은 부모 교육에도 참석하지 않고 행사에도 비협조적이다. 꼭 들어야 할 교육을 듣지 않으니 악순환의 연속이다. 부모 교육을 가면 항상 원장이나 교사들이 하는 말이 있다.

"꼭 들어야 할 분은 안 오시고 늘 협조 잘하고 긍정적인 분들만 오시네요."

부모들의 학력이 높아지고 많은 정보가 돌아다니다 보니 모든 것을 다 알고 있다고 착각하는 부모들이 늘어났다. 부모 교육에 대한 생각들이 예전과 같진 않겠지만 아이는 단순히 지식으로 키우는 게 아니라는 것을 알기 바란다.

얼마 전 서울시에서 주관하는 '서울시 국공립어린이집 서비스향상을 위한 토론'에 다녀왔다. 토론회에 학부모 대표로 참석한 엄마가 한 달에 한 번 하는 열린 어린이집을 매주 하거나 한 달에 2~3번 정도 했으면 좋겠다는 발언을 해서 토론회에 참석한 원장들을 경악하게 했다. 2015년 한 달에 한 번 일찍 퇴근해서 어린이집 행사나 부모 교육에 참여하고 어린이집을 활짝 개방하여 아동 학대나 부실 급식 같은 부모들의 걱정과 불만을 해소하기 바라는 좋은 취지로 시작했지만, 지금은 어린이집과 부모 모두에게 숙제처럼 여겨지는 건 어쩔 수 없다.

매달 첫 번째 수요일에 맞춰 연간 계획을 짜서 부모들에게 자유롭게 신청하게 하지만 한 달에 5명을 채우는 것도 힘들다. 우선은 부모들이 직장에 열린 어린이집 행사에 참석한다고 일찍 퇴근한다고 할 수도 없는 상황이고, 의무적으로 일 년에 한 번은 참석하도록 권유하지만 결국은 강제할 수도 없다. 그런데 매주 하거나 횟수를 늘리자고 하니 토론회에 모인 원장들이 놀랄 수밖에 없었다. 지금 한 달에 한 번 하는 것도 참석률이 적어 힘들다. 매달 월차를 내서 모든 부모 교육이나 행사에 참석한 부모도 있고, 일 년 동안 단한 번도 참석하지 않는 부모도 있다. 정말 바빠서 참석하지 않는 것은 아니다. 본인이 필요 없다고 스스로 판단한 것이다.

우리 어린이집은 토요일 오전에 부모 교육을 한다. 아빠와 함께 참석한 뒤 오후 시간을 활용하도록 나름 배려한 것이다. 생각보다 바쁜 부모들이 많기 때문에 모든 행사에 다 참여할 수는 없다. 허나 아이를 어린이집에 맡겨 놓고 모든 교육이나 행사에 참석하지 않은 것이 정말 시간이 없어서는 아니라는 것을 우리는 안다. 아이는 함께 키우는 것이다. 부모와 원장, 교사가 마음을 모아 아이를 지켜보며 돌봐야 하고 그것의 일환이 바로 부모 교육 참석이다. 어린이집 부모 교육에 참석하다 보면 아이를 이해하는 데 성큼 다가선 자신을 발견하게 될 것이다.

 넷, 아이의 옷을 부모의 취향에 따라 선택하면 안 된다

아이가 어린이집에 다니기 시작하면 매일 어떤 옷을 입혀 보내야 할지 고민이 생기기 시작한다. 나이가 어릴 때는 입혀 주는 대로 입으니 별 어려움이 없지만, 만 1세만 되어도 옷 때문에 아침마다 부모를 힘들게 하는 아이가 한두 명이 아니다. 만 2세가 되면 여자아이들은 공주 드레스를 입고 어린이집에 가겠다고 떼를 쓰기도 한다. 어린이집에서는 다른 여자아이들이 샘을 내기도 하지만 특히 계단이 있는 어린이집은 위험하기도 해서 너무 긴 치마를 입고 오지 않도록 권하기도 한다.

아이들이 나름 예쁜 옷이나 멋진 옷에 대해 관심을 갖고 자신을 꾸미는 일도 성장 과정이므로 바람직한 일이고 권장할 일이다. 문제는 아이의 생각이나 선택이 아닌 부모의 욕심으로 아이를 괴롭게 하는 일이 너무 많아서 걱정이다.

어린이집은 아이들이 먹고 자고 뛰어다니는 곳이니 편한 옷을 입고 가는 게 맞다. 그렇다고 매일 편한 트레이닝복이나 내복만 입혀 보낼 수는 없다. 어릴 때부터 때와 장소에 맞게 의복을 갖춰 입히는 것도 교육이기 때문이다. 어른들도 회사에 다니게 되면 회사 분위기나 하는 일에 맞는 의상을 준비하듯이 아이들도 어린이집에 다니게 되면 부모의 취향이 아닌 어린이집 생활에 맞는 옷을 준비해 줘야 한다.

0세는 등원해서 먹고 노는 시간보다 잠자는 시간이 더 많다. 잠자기 편한 옷을 입혀 보내야 한다. 특히 기저귀를 자주 갈아 줘야 하므로 벗기기 쉬운 옷을 입혀야 한다. 모자 달린 옷이나 줄줄이 단추가 달린 옷은 숙면을 방해하고, 젖은 기저귀를 빨리 교체하지 못해서 아이가 짜증을 내게 된다. 장신구나 반짝이, 레이스 같은 것이 달린 옷도 불편하고 위험하다. 언제 아이가 떼어서 입에 넣을지 모른다. 잠을 자다 뒤척여도 배기는 것 없고 땀을 흘려도 잘 흡수되는 천연 섬유로 된 상하가 분리되는 옷이면 된다.

걷고 뛰기 시작하는 만 2, 3세는 넘어지고 다치기 쉽기 때문에 활동하기 편하면서도 신축성 좋은 소재를 선택해야 한다. 여자아이들의 경우 리본이나 허리끈 등이 너무 길거나 크면 다칠 위험이 있다. 실제로 허리끈이 달린 원피스를 입고 그네를 타던 아이가 허리끈이 그넷줄에 엉켜 척추를 크게 다쳤던 사고도 있었다.

4, 5세가 되면 가급적 아이가 직접 옷을 고르도록 해야 된다. 아이들은 다음 날 어린이집에서 어떤 활동을 하는지 잘 알고 있어 숲 활동이나 텃밭 활동을 할 때는 긴 바지나 긴팔 옷을 입어야 하

고 신발도 편한 것을 신어야 한다는 것을 대부분 안다. 저녁에 가정통신문을 같이 읽으며 다음 날 입을 옷을 미리 골라 놓으면 아침이 매우 평화로워질 것이다.

가끔 아이가 정말 입고 싶거나 자랑하고 싶어서 계절과 전혀 맞지 않는 옷이나 모자, 비옷 등을 입고 화창한 날에 장화를 신는다고 우겨도 원하는 옷이나 신발을 신고 가게 해도 된다. 어린이집에선 다 이해한다. 자기 생각을 정확하게 표현하는 아이가 매력적이고 귀여워서 선생님들은 한바탕 웃음으로 아이를 맞이할 것이다. 아이가 어린이집에 와서 친구들을 보고 마음이 바뀌거나 혹은 너무 춥고 더워서 후회할지 모르니 귀찮아도 여벌 옷을 가방에 넣어 보내 주면 된다.

> "비옷이랑 장화는 비오는 날 우산을 쓸 때 입을 거야."
> "엄마 여름에는 털신 안 신는 거지?"
> "생일잔치 할 때 드레스 입을 거야."
> "엄마 견학 갈 때는 운동화 신는 거야."

겨울철 단독 건물인 어린이집에 일찍 등원하는 경우, 월요일이나 공휴일 다음 날에 등원할 때는 옷을 평소보다 조금 따뜻하게 입고 오는 게 좋다. 교사가 일찍 출근해 온도 조절을 하지만 비워 있던 어린이집이 정상 온도가 되기까지는 시간이 걸리기 때문이다.

어린이집에서 생일잔치나 특별한 행사가 있을 때 목적에 맞게 옷을 입을 수 있게 챙겨 줘야 한다. 민속놀이나 명절 행사 때 혼자

만 평상복을 입고 친구들 눈치 보며 있을 아이를 생각해 어린이집에서 한두 벌의 옷을 마련하기도 하지만 사이즈가 맞지 않는 경우가 많다. 같은 반 친구의 옷을 빌려 입혀 사진을 찍게 하려고 해도 예민한 아이는 절대 남의 옷을 입지 않아 선생님을 난감하게 한다. 평상시 온갖 치장을 해서 오히려 아이를 불편하게 하는 부모들이 정작 어린이집에서 요청할 때는 협조를 하지 않아 친구와 다른 복장으로 아이에게 상처를 준다.

머릿결이 약한 아이들에게 염색이나 펌을 해 주는 것이나 귀를 뚫는 것도 누구를 위한 것인지 묻고 싶다. 옷이 작으면 아이가 훌쩍 자란 것이 신기하고, 옷이 크면 잘 자라게 도와주고 싶고, 머리 숱이 적어 고무줄이 빠지면 예쁘게 다시 묶어 주고 싶고, 코가 흐르면 안쓰럽지만 휴지를 찾아서 코를 닦는 모습을 보면 기특하다. 아이들은 꾸미지 않아도 그냥 귀엽고 사랑스럽다.

 다섯, **낮잠은 결코 시간 낭비가 아니다**

아이들은 어린이집에서 낮잠을 잔다. 손녀는 만 4살부터 낮잠을 자지 않는 어린이집에 다녔는데 처음엔 몹시 피곤해 했다. 7살이 된 지금 주말에도 가끔 낮잠을 자며 나름 피곤을 푼다. 다행히 어릴 때부터 일찍 자고 일찍 일어나는 습관이 몸에 배어 있어 부모를 힘들게는 하지 않지만 너무 살이 찌지 않아 걱정이 되기도 한다. 원래 어린이집은 만 5세까지 낮잠을 자는 것이 원칙이다. 그런데 부모들은 아이들이 낮잠 자는 것을 싫어하고 오후 특별 활동이 많은 경우 잠자는 시간을 확보하기가 쉽지 않은 실정이다.

어린이집 생활 자체가 어린아이들에겐 너무 빡빡한 일정으로 진행되기 때문에 잠을 자지 않는 것은 아이들 성장 발달에 나쁜 영향을 준다. 어린이집에 다니는 동안만이라도 낮잠을 자게 해야 한다. 우리 어린이집은 7살 아이도 특별한 날을 제외하곤 가급적 낮잠을 자게 한다. 깊게 오래 자지는 않아도 누워서 뒹굴뒹굴 쉬게 하면 아이들이 덜 피곤해 한다.

어린이집에 전화해서 낮잠 여부를 묻는 부모들을 보면 딱하다. 무슨 공부를 얼마나 한다고 하루 종일 단체 생활을 하며 피곤한 아이에게 30분에서 1시간의 휴식 시간도 아까워하는지 답답하다. 영아부터 시작해서 유아로 넘어가면 점점 낮잠 시간도 줄어들어 쉬는 시간으로 어린이집에서 알아서 조절한다. 어린이집에서 낮잠을 잤다고 저녁에 집에서 잠을 안 잔다는 것도 핑계다. 잠을 재우지 말고 아이들에게 뭔가 시키라는 무언의 압박이다. 어린이집에서는 아이들의 바람직한 성장 발달을 위해서라도 반드시 낮잠 시간을 확보해야 한다고 생각한다.

아이들 중에는 유난히 낮잠을 안 자려 하는 아이들도 있다. 여럿이 함께 자다 보니 교실이 좁기도 하고 약간의 소음도 있을 수 있다. 잠옷이 아닌 일상복을 입고 자니 불편하기도 할 것이다. 그래서 어린이집에는 활동하기 편하면서도 잠자는 것도 감안한 옷을 입고 오도록 권고하고, 예민하고 까다로운 아이들도 편히 잘 수 있도록 교사들이 최선을 다하는 것이다. 아주 짧은 낮잠 시간이라도 아이들은 키도 크고 덜 짜증을 부리며 오후 간식도 맛있게 먹고 놀이도 활발하게 할 수 있다.

낮잠을 자지 않은 아이들은 대부분 저녁 먹을 때까지 못 기다리고 졸다가 결국 늦게 자는 습관이 생기게 된다. 당연히 아침에 일찍 일어나는 것도 쉽지 않다. 늦게 일어나면 아침밥을 제대로 먹을 수 없고 아이는 어린이집에 가기 싫다고 떼를 쓰기도 한다. 낮잠은 단순한 습관 들이기가 아니다. 하루 일과의 균형을 잡아주고 생각보다 빡빡한 어린이집생활에 휴식을 제공하는 반드시 지켜야 하는 일과다. 일찍 재우고 일찍 일어나는 것부터 시작하고 부모들 스스로 어린이집에 낮잠 자기를 요구하기 바란다.

여섯, 영어, 특별 활동 안 해도 걱정 없다

우리 어린이집은 영어와 외부 강사가 진행하는 특별 활동을 하지 않는 어린이집이다. 아무리 국공립이라도 서울 한복판에서 어린이집을 운영하면서 영어나 특별 활동을 전혀 하지 않는 건 쉬운 일은 아니다. 초창기엔 저 어린이집은 다 좋은데 공부를 너무 안 시킨다는 소문도 있었고 인성 교육만 시켜서 초등학교에 가서 싸움도 못하고 맞기만 한다는 얘기도 돌았다. 더군다나 우리 어린이집 가까이에는 정원 100명, 200명이 넘는 유치원이 4개에다 민간, 가정 어린이집에 지금은 새로 재개발된 대형 아파트가 들어서서 우리 동에만 국공립이 10개다. 한때 영어나 특별 활동 때문에 다른 곳으로 옮겨 가는 아이들이 생기기도 했던 것도 사실이다. 어떤 부모는 다 좋은데 영어만 해 줄 수 없냐고 사정을 하시기도 했다.

"정말 다 좋은데 영어만 해 주시면 안 될까요."

우리 어린이집은 20년이 넘은 오래된 가정집을 개조해서 만들었는데, 작지만 마당이 있는 예쁜 어린이집이다. 40년이 넘은 나무부터 올해 심은 채송화까지 70여 가지의 나무와 야생화가 작은 마당에서 아이들과 함께 행복하게 살고 있다. 어린이집 작은 정원에는 제일 오래된 소나무, 서부 해당화, 단풍나무, 목련, 감나무, 모과나무, 앵두, 대추나무, 찔레, 항상 짝을 이루는 모란과 작약뿐만 아니라 개원하면서 색깔을 맞추기 위해 심은 철쭉, 장미, 라일락, 산수유 등 이름을 다 댈 수 없을 정도로 많은 나무와 꽃들이 있다. 계단에는 항아리 안에서 각종 야생화가 자라나고 꽃들이 더위 먹는 여름에는 수련과 부레옥잠 같은 수생물이 꽃을 피워 더위를 식혀 준다. 최근에는 매년 5월 열린 어린이집 행사로 옥상에 엄마와 아이들이 자신의 작은 주머니 텃밭을 하나씩 만들었다. 안 신고 안 입는 신발이나 청바지, 안 쓰는 작은 그릇 등에 심은 신기한 화분들이 아이들의 등하원 길을 맞이하고 배웅한다.

나는 아이들이 영어 단어보다 꽃과 나무 이름을 더 많이 아는 사람이 되었으면 좋겠다. 살아 있는 생물에 관심을 갖는다는 것은 생명의 소중함을 아는 첫걸음이다. 겨울 내내 야생화 항아리에서 자취를 감춘 꽃들이 봄이 되면 다시 새싹이 돋아나 꽃이 피는 과정을 보며 아이들은 분명히 책에서는 배울 수 없는 다른 차원의 사랑을 배울 것이라고 확신한다.

내가 초등학교 저학년 때니 50년은 지난 이야기다. 2남 4녀 중 셋째였던 나와 두 살 어린 여동생이 싸웠다고 어머니께서 연탄광에 벌을 세우신 적이 있었다. 체벌을 전혀 안 하시던 부모님이 하실 수 있는 최고의 벌이었다. 머리가 허리까지 내려오게 기른 두 아이 머리를 등을 대고 묶고 서 있으라고 했다. 햇볕이 절반쯤 들어오는 연탄광에 그것도 한겨울에 계속 서 있을 수가 없어 합의하에 앉아 있기로 했다. 앉으니 서 있을 때는 보이지 않던 조그만 옹기로 만든 함지박 하나가 눈에 띄었다. 수련이었다. 봄이 되면 언제나 화단 옆에 나와 있던 작은 함지박에서는 신기하게도 고고하면서도 아름다운 꽃대가 올라오곤 했는데 그것이 연탄광에 있었는지는 전혀 몰랐다. 꽃을 유난히 좋아하시던 어머니는 수련을 매년 겨울에는 광에 들여놓고 가끔 물을 주고, 봄이 되면 화단 옆에 꺼내 놓으시며 아이 키우듯 보살피신 것이다.

수련은 부레옥잠과 함께 내가 제일 좋아하는 꽃이다. 부레옥잠 뿌리는 스스로 정화하는 역할을 해서 물을 맑게 하고 요란하지 않지만 고고하고 우아한 보라색 꽃은 아무리 봐도 질리지 않는다. 그러나 내가 부레옥잠이나 수련을 좋아하는 진짜 이유는 꽃이 질 때의 모습 때문이다. 아무리 예쁘고 화려한 꽃이라도 질 때의 모습은 추하기 마련이다. 그런데 부레옥잠이나 수련은 꽃이 질 때의 모습과 필 때의 모습이 거의 같다. 쑥 올라왔던 꽃이 질 때가 되면 꽃

잎 하나 떨어지지 않고 그대로 입을 다물고 고개를 떨어트린다. 시든 꽃대를 잘라 주면 새로운 꽃이 피도록 자리를 내준다. 자존감이 높은 꽃이다. 누구에게도 피해를 주지 않고 까다롭지도 않고 물만 주면 잘 자라는 순하고 착한 식물이다. 7월이 되면 부레옥잠은 항아리에 넘쳐나게 번져서 이웃에 분양을 한다. 7월부터 우리 어린이집에 오면 언제나 선물로 가져갈 수 있다. 수련은 초겨울까지 꿋꿋하게 꽃을 피운다.

교육이란 요란하고 거창하지 않을 때 오히려 사람의 마음을 움직일 수 있다고 생각한다. 어린이집 아이들은 아름다운 나무와 꽃과 함께 살며 우리 선생들이 만든 밥상머리 교육, 우리말 잘하기, 다도, 하모니카 불기, 생태 교육, 장구치고 민요 부르기 등을 일과 중에 천천히 서두르지 않고 배운다. 잘하지 않아도 된다. 어린이집 선생님이 직접 하는 수업이니 시간에 쫓길 필요도 없다. 조금 못해도 잘 따라 하지 못해도 충분히 기다려 준다.

요즈음엔 신청하면 무료로 자원봉사 하시는 어르신들이 오셔서 해주시는 댄스스포츠나 옛날 이야기 시간도 있고, 보건소에서 보내주는 강사에게 요가나 방송 댄스, 줄넘기 같은 체육 활동을 배울 수 있어 굳이 돈을 내며 특별 활동을 할 필요가 없다. 어린이집 자체 프로그램을 만들 때는 늘 아이들의 행복이 우선이다.

2003년 친환경 유기농 급식을 시작하며 무겁고 차가운 스텐 식판을 바로 도자기 그릇으로 바꿨다. 어린이집에 처음 부임했을 때 국그릇도 없이 식판 째 들고 국물을 마시던 아이들의 모습은 충격이었다. 2003년 4월, 우리 구에서 7개의 구립 어린이집이 자발적으로 친환경 유기농 급식을 시작했고, 2004년 9월 드디어 지방자치단체로는 전국 최초로 구청의 지원을 받아 구립 어린이집 전체가 친환경 유기농 급식을 시작해서 지금은 민간 가정까지 확대해서 실시하고 있다.

2005년에는 늘 마음에 걸리던 식판을 도자기 그릇으로 바꾸고 '밥상머리 교육' 프로그램을 만들었다. 만 3세 기준으로 아이들이 교과서를 통해서 배우는 낱말이 104개인데 밥상을 통해 배우는 낱말이 1,000개가 넘는다는 하버드 대학의 연구가 있다는 기사를 본 뒤 밥상머리 교육과 연계한 '연령별 말하기 교육' 프로그램도 만들었다. 인성 교육을 위해 개원 때부터 해왔던 다도 교육으로 인해 이미 도자기 사용이 익숙한 아이들은 도자기 식기 사용에 전혀 거부감을 나타내지 않았다.

"너희들은 소중하고 귀한 사람들이야."

너무 어린 나이에 피아노을 배우기 위해 학원을 드나드는 아이들을 어린이집에서 좀 더 편안하게 돌보기 위해 교사들을 먼저 연수 시킨 뒤 하모니카와 국악 교육을 시작했다. 아무 소리도 못 내던 아이들이 졸업식 때 연주하는 모습은 언제나 봐도 감동적이다. 곡목도 아리랑, 생일 축하 노래, 어버이 은혜와 같은 노래를 배우게 해서 졸업 후에도 쉽게 잊지 않고 연주하도록 했다.

아이들은 졸업 후에도 친정 찾아오듯 어린이집에 놀러 온다. 늘 울고불고 떼쓰며 선생님을 힘들게 했던 아이도 어느 날 보면 어린이집 마당에 와서 꽃에 물을 주는 모습을 흔히 볼 수 있다. 초등학교에서 새로 사귄 친구를 데려와 꽃 이름도 가르쳐 주고 처음 얼마 동안은 식당에 떡하니 앉아 오후 간식까지 먹고 간다. 어린이집은 단순한 교육기관이 아니라 아이들의 추억이 담겨진 집이다.

어느 날 어린이집에 놀러 온 초등학교 1학년 졸업생을 보니 얼굴도 몸도 많이 여윈 것 같았다.

"학교 다니는 게 힘들어?"
"네. 학교가 너무 멀어서 다리도 아프고 힘들어요."

집 가까이에 있는 어린이집을 다니던 아이들이 학교에 가는 것이 쉽지 않다는 것을 그때 깨달았다. 우리 어린이집 졸업생들이 주로 가는 학교는 두 군데로 어린이집보다 멀어서 아이들이 힘들 것이라는 생각을 미처 못 했던 게 미안했다. 그래서 '아침에 산책'이라는 프로그램을 만들어서 6살 때부터 일주일에 한 번 인근 초등학교까지 아침 산책을 나가기 시작했다. 처음엔 1시간이나 걸리던 시간이 7살이 되니 30~40분 정도로 줄었다. 학교 가는 길에 횡단보도 건너는 법은 물론 산책엔 어떤 신발과 복장이 필요한지, 골목을 지날 땐 어떻게 해야 하는지 진짜 아이들에게 필요한 교육들이 교실 밖 세상에 있었다.

아이들이 산책을 갈 때 초등학교 인근 구립 원장님이 가끔 만나면 챙겨 주시던 간식은 아이들에게 아름다운 추억으로 자리 잡았다.

"오늘은 원장님이 무슨 간식을 주실까?"
"날씨가 더우니 시원한 걸 주실까?"

청계천이 완성된 뒤에는 '자연은 내 친구'라는 생태 프로그램으로 발전하여 우리 아이들은 더욱 풍성한 환경에서 걷게 되었다. 이제는 어린이집 마당뿐 아니라 청계천에 사는 식물, 곤충은 물론 사계절의 변화를 몸과 마음으로 느끼며 건강하게 산책한다.

초등학교에 간 졸업생 아이가 벌을 선다는 이야기가 계속 마음에 걸렸다. 직원 회의를 열어 졸업생 아이들을 도와줄 수 있는 방법을 의논했다. '초등학교 담임에게 편지 쓰기'를 해보기로 했다. 전년도 담임이 혼자 쓰기에는 힘이 부치니 전체 선생님이 몇 명씩 맡아서 매년 4월쯤 아이의 어린이집 생활과 아이가 좋아하는 것, 행동의 특징 등 담임 선생님이 아이를 이해하는 데 도움이 될 만한 내용들을 긍정적으로 써서 학교로 보냈다. 몇 반인지 미리 조사를 하고 꽃바구니 한 개를 준비해서 편지와 함께 초등학교 교무실로 보내기 시작했다. 가끔 고맙다는 전화를 주시는 선생님도 계셨다.

일 년에 두 번 졸업생들은 '초등 예절 학교' 교육에 참여하기 위해 어린이집에 온다. 초등학교에 편지를 쓰기 시작하면서 아이들이 어떻게 자라고 있는지 확인하고 응원하고 싶어졌다. 여름방학과 봄방학 일 년에 두 번 토요일에 아이들은 어린이집에 와서 다도, 장구, 공공 예절 교육 등을 받고 게임도 하고 어린이집에 다닐 때 먹었던 간식도 먹고 간다. 고학년이 되면서 점점 오는 횟수가 줄어들지만 섭섭하지 않다. 이제는 많이 컸다는 신호이기 때문이다.

우리 어린이집은 평상시에 발표회도 안 한다. 졸업식 날 그동안 배웠던 하모니카나 장구를 연주하고, 말하기 교육을 통해 준비했던 초등학교 입학을 위한 3분 정도의 자기소개 시간을 가진다. 자기소개가 끝나면 아이들이 부모에게 차를 대접하는 다도 시범을 보여 주는 것으로 졸업 발표를 하고 졸업식을 진행한다. 못해도 틀려도 된다. 그런데 신기하게도 생각보다 아이들이 곧잘 한다. 졸업식에는 상장도 없고 대표도 없다. 송사도 답사도 다 같이하고 장애를 가진 친구가 10분이 넘게 서서 자기소개를 해도 그냥 기다린다.

이제 우리 어린이집에 와서 영어 해달라는 부모도 특별 활동 했으면 좋겠다는 부모도 거의 없다. 어린이집이 그냥 아이들에게 편안한 집이었으면 좋겠다. 표준 보육 과정. 누리 과정, 평가 인증으로 획일화된 환경에서 살 수밖에 없는 아이들을 초등학교 입학 전만이라도 어른들에게 시달리게 하고 싶지 않다. 제발 부모들이 공부나 특별 활동을 많이 하는 유치원이나 어린이집으로 아이들을 보내지 않았으면 좋겠다. 지금 모든 어린이집에서 하고 있는 기본적인 프로그램도 아이들에게는 벅찰 정도로 많다. 이 아이들 인생에서 마음 놓고 놀 수 있는 유일한 시기가 초등학교 입학 전이라는 것을 우리 모두 기억했으면 좋겠다.

그냥 더 많이 뛰어 놀게 하자.

일곱, 말 잘하는 아이가 성공한다

영어에 중국어까지 해야 하는 요즘 아이들이 너무 가엽다. 4차 산업혁명 시대에 없어지는 직업 중 하나가 통역사라는데 우리말도 못하는 어린 아이들에게 외국어를 가르치는 부모들을 이해하기 어렵다. 세계 어떤 나라에서도 모국어도 모르는 아이에게 외국어를 가르치진 않는다. 너무 이른 외국어 교육으로 아이들이 원형 탈모가 생기고 정신과 치료를 받는 아이들도 많다는 기사들을 외면하면 안 된다. 초등학교 들어가기 전에 반드시 배워야 하는 모국어도 읽고 쓰기가 아닌 말하기를 먼저 해야 한다. 말하기가 되면 읽고 쓰기도 자연스럽게 된다. 놀이를 통해 아이가 재미있게 우리말을 하게 해야 한다.

우선 우리말 잘하는 아이로 키워 보자. 말을 잘한다는 것은 상황을 이해하고 생각을 정리할 수 있는 능력이 있다는 뜻이다. 아이가 일단 말을 잘하면 지능 걱정은 하지 않아도 된다고 많은 전문가들이 단정을 짓는 이유다. 물론 언어 유창성은 유전적인 부분도 있지만 중요한 것은 어릴 때 부모가 아이에게 어떤 말하기 환경을 만들어 주었냐가 더 중요하다.

우리 형제들은 모두 말을 잘한다. 건축가인 아버지는 말씀을 워낙 잘하시기도 하셨지만, 며칠 만에 집에 돌아오시면 끊임없이 종알대던 나의 이야기를 다 들어 주셨다. 이를 본 동네 어른들이 쟤는 커서 말로 먹고살 거라고 했단다. 아들이 언론정보학과 출신이라 손녀도 언어 발달은 남다른 것 같다.

아들이 2살 때 나는 성대 결절이 왔다. 의사가 절대 말을 하면 안 된다고 해서 아이와 노래 한 곡도 같이 부를 수 없었다. 연수원에 근무할 때라 주말에 집중적으로 아이와 놀아 줘야 하는데 난감했다. 마침 우리나라는 민속 씨름이 생겨 힘이 아닌 기술 씨름의 정수를 보여 주는 잘생긴 씨름 선수 이만기가 인기 절정에 있었다.

아이와 씨름을 보며 작은 숙제를 내주기 시작했다.

"관영아, 엄마 생활관에 갔다 올 테니 만기 아저씨가 이기는지 지는지 보고 이야기해 줄래."
"엄마 만기 아저씨가 한 번 이기고 또 한 번은 졌어."
"그래, 만기 아저씨가 져서 관영이 속상했겠네. 그럼 다음엔 만기 아저씨가 누구한테 이기고 누구한테 졌는지 엄마에게 이야기해 주면 좋겠다."
"엄마, 음 이준희 아저씨한테는 이기고, 이봉걸 아저씨한테는 졌어요."
"와, 정말 잘 기억해서 이야기해 주네. 엄마는 정말 궁금했거든. 다음엔 어떤 기술로 시합했는지 알려 줄 수 있을까."
"만기 아저씨는 발다리 걸기를 했고, 준희 아저씨는 허리 후려치기를 했는데 만기 아저씨가 결국은 이겼어요."

얼마 안 가 아이는 이만기의 시합 내용을 정확히 알려 주기 시작했다. 그 당시 방영되었던 〈천사들의 합창〉도 열심히 보고 엄마에게 내용을 설명해 주었다. 목이 아픈 엄마 대신 아이가 열심히 이야기를 했다. 다도를 배우러 다니는 3년간 지하철 안에서 손을 꼭 잡는 것으로 신호를 보내며 조용히 작은 목소리로 끝말잇기를 하고, 나라 이름 대기와 각 나라 수도 외우기를 하며 나는 최대한 목을 아꼈다. 아이는 한글도 모르고 초등학교에 입학했지만 전 세계 나라 이름과 수도 이름을 지구본을 보며 재미있게 익혔다.

공부가 아닌 바쁜 엄마와 하는 재미있는 놀이였고 소통의 시간이었다. 형제 없이 외동으로 조부모 밑에서 자란 아들은 한글도 모르고 초등학교에 입학하여 매사 조심스러워 하며 소극적이었지만, 여름 방학이 끝나며 한글은 자연스럽게 익혔고 초등학교 3학년 때부터 말하기 능력에 두각을 나타내기 시작했다. 6학년 담임은 교직 생활 20년간 아들처럼 어휘력이 뛰어난 아이는 본 적이 없다고 하셨다. 영어도 단어를 많이 아는 사람이 잘하듯이 우리말도 낱말을 많이 아는 사람이 잘할 수밖에 없다.

초등학교 저학년 때는 방학 때마다 공책에 국어사전에서 자기가 좋아하거나 궁금한 낱말들을 찾아 정리해서 한 권씩 자율 숙제로 제출했다. 궁금한 게 생기면 바로 찾아보는 습관이 생긴 것이다. 1학년 겨울 방학에 일기를 쓸 때 담임 선생님이 한 줄씩 써주던 격려의 글이 없어서 서운하다고 해서 내가 써주기 시작했다. 6학년까지 같이 쓴 일기를 제본해 6권의 책으로 만들어 주었다. 지금도 아들 방 책꽂이에 있는데 조만간 손녀가 볼 것 같다. 『개미』라는 책을 읽고 간략하게 정리하여 들려주던 아이의 어릴 적 모습이 지금도 선하다.

손녀도 지금 재미있게 끝말잇기 놀이를 한다. 가끔 조금 변형해 퀴즈 형식으로 해서 설명하는 능력도 키워 준다.

"이건 먹는 건데 서령이가 아주 좋아하는 거지."

"무슨 색깔이예요?"

"빨간색이고 꼭지는 초록색이야."

"아, 딸기."

"이건 할머니가 정말 좋아하는 거예요."

"할머니가 좋아하는 게 많은데 힌트 좀 줄 수 있을까."

"할머니가 외국 가시면 꼭 사오는 건데 먹지는 못해요."

"알겠다. 부엉이? 할머니가 모아 둔 부엉이는 나중에 서령이 줄 테니까 먼지도 닦아 주고 잘 간수해."

올여름 휴가 여행 중에 초등학교 교사인 엄마와 함께 온 초등학생 오빠들과 놀면서 새로운 놀이도 배워 왔다.

"할머니, 그 오빠들이 ㅍ, ㄹ으로 시작하는 게 뭐냐고 해서 '피리'라고 했더니 틀렸대."

"다른 말은 안하고? 오빠들은 뭐라고 했는데?"

"파리, 날아다니는 거라고 했어."

"날아다니는 거라고 했으면 오빠들 말이 맞고, 아무 힌트도 안 줬으면 서령이 말도 맞는 거야. 그래서 놀이를 할 때는 서로 약속을 하고 설명을 잘 들으면 속상한 일이 안 생기는 거야. 우리 한 번 해 볼까?

"쉬운 것부터 해보자. 이건 먹는 거야. ㄱ, ㄱ, ㅁ으로 시작해."

"그건 쉽지요. 고구마!"

"할머니 이건 우리가 여기서 많이 탄 건데 ㅌ, ㅌ, ㅇ이요."

"뭘까? 서령이가 좋아하는 '툭툭이'가 아닐까?"

"딩동댕! 정답입니다."

부모가 말을 잘 한다고 아이가 말을 다 잘하는 건 아니다. 부부가 모두 말을 잘하는데 아이가 말을 안 해서 답답하다는 부모들을 보면 대개 부모가 일방적으로 혼자 이야기하며 아이에게 말할 기회를 주지 않는 경우가 많다.

다문화 가정 아이들 중에 한국말을 잘 못하는 외국인 엄마와 살아도 한국말을 잘하는 아이가 많다. 자세히 살펴보면 아이가 엄마에게 열심히 설명을 해준다. 엄마에게 설명을 해주기 위해 아이가 다른 아이보다 선생님 말을 더 집중해서 듣는 것을 볼 수 있다. 아이가 어릴 때 부모가 동화책을 많이 읽어 주는 것도 중요하지만, 아이가 글을 읽지 못할 때도 그림을 보며 부모에게 설명하도록 하면 아이는 놀라운 능력을 발휘해서 동화를 만들어 낸다.

아이가 귀가 따갑도록 종알대며 부모를 따라다니면 행복해 해야 한다. 아이가 이미 사람들과 좋은 관계를 만드는 방법을 알고 있으니 얼마나 다행인가. 아이마다 성향도 다르고 발달 정도가 다 같은 것이 아니니 모든 아이에게 같은 방법을 적용할 수는 없지만 소통과 공감에 말보다 더 효과 있는 게 있을까?

아이가 상황에 맞게 인사하고 자신의 생각을 정리해서 남에게 이야기할 수 있다면 아이의 사회성은 걱정할 필요가 없다. 무리하게 외국어를 배우게 하며 글씨를 쓰고 계산하는 데 몰두하지 말고 아이와 눈마주치며 도란도란 이야기부터 시작해 보자.

여덟. 자극이 많은 세상으로부터 아이들을 지켜 줘야 한다

아이들의 시각을 자극하는 장난감, 놀이기구, TV프로그램 같은 것이 너무 많다. 아이들은 쉽게 흥미를 잃고 싫증을 내기 때문에 너무 많은 장남감은 아무런 도움이 되지 않는다고 전문가들이 아무리 이야기해도 집에는 장남감이 쌓이고, 아이들은 주말마다 어른들에게 여기저기 끌려다닌다.

어린이집에도 장난감은 넘쳐나고 집에도 심지어 할머니, 할아버지 집에도 장난감은 물론 각종 놀이기구가 구비되어 있다. 어릴 때는 사랑하는 사람들과 스킨쉽을 많이 하고 눈을 마주치며 이야기를 해야 하는데, 누굴 만나도 아이들은 인사만 하고 장난감이나 놀이기구, 게임 등에 빠져 소통의 기회를 갖지 못한다. 완벽하게 구성된 놀이 시설이나 테마파크 등은 아이들에게 생각할 시간을 주지 않는다. 잘 훈련된 사람들이 시키는 대로 따라 하면 된다. 이미 세팅된 놀이 시설이나 잘 만들어진 장난감이 아이들의 창의력을 오히려 망가트린다는 것은 정설에 가깝다.

마땅한 놀잇감이 없던 시절 아이들은 나뭇가지 하나로 온갖 놀이를 스스로 만들어 내고, 실뜨기 같은 놀이로도 별별 모양을 만들며 놀았다. 해외여행에 가서 가끔 그 나라 자연에서 만들어진 신기한 전통 놀잇감을 사오는데 특별히 노는 방법을 배워 오지 않아도 걱정할 필요가 없다. 아이들은 신기하게도 여러 가지 방법을 스스로 생각해 낸다.

요즘 같이 어릴 때부터 어린이집에 다니는 이이들에게는 가급적 장난감을 사 주지 말라고 권하고 싶다. 집안에 있는 가구나 도구를 이용해 자연스럽게 놀이하는 게 더 유용하다. 우리 집과 환경이 다른 할머니, 할아버지집도 훌륭한 놀이터가 될 수 있다. 눈에 익은 집안의 물건들은 아이들에게 큰 자극을 주지도 않고, 자연스럽게 관리하고 사용하는 방법을 익히게 되면 위험에도 대처할 수 있다.

우리 집에 와서 내 화장대에 있는 물건만 갖고도 온갖 대화를 하고 재미있게 놀며 배운 손녀의 언어 구사력은 정말 놀랍다. 비싼 돈을 지불하고 산 장난감이 생각보다 효과가 없다는 것을 알려 주고 싶다. 시간이 날 때마다 아이와 손잡고 동네 한 바퀴 산책하는 것이 장난감이나 놀이공원보다 유용하다는 것을 다시 강조하고 싶다.

조그마하고 따뜻한 아이의 손을 잡고 도란도란 이야기를 나누고 주위를 돌아보며 꽃도 보고, 가끔 간판도 읽고 질문에 대답해 주고 같이 뛰기도 하고 뛰어 다니는 아이를 지켜보는 것만으로도 무엇과도 비교할 수 없는 행복을 느낄 수 있을 것이다. 아이들은 부모가 생각하는 것처럼 대단한 놀이를 원하는 게 아니고 부모와 함께 있고 싶어 하고, 자신을 지켜봐 주기를 바랄 뿐이다.

남에게 보여 주고 과시하는 놀이가 아닌 아이의 마음을 읽을 수 있는 놀이가 절실히 필요한 요즈음이다. 최근 젊은 부모들 사이에 24개월 미만의 아이를 데리고 공짜 비행기를 타는 해외여행이 유행이라는데 누구를 위한 여행인지 묻고 싶다.

괌에 가는 비행기 안에서 4시간 동안 쉴 새 없이 번갈아 가며 울던 아이들이 지금도 눈에 선하다. 특히 예민하고 면역력이 약한 아이에게는 소음이 심해 귀도 아프고 비행기 안이 춥기까지 하니 얼마나 답답하고 힘들었을까 생각하면 지금도 마음이 아프다. 휴양지 대부분이 아열대 기후로 너무 더운 것도 아이들에게는 자극적이다. 아이들이 좀 더 큰 뒤 내가 가는 곳이 어디고 무엇을 보았는지를 기억할 때 가도 늦지 않는다.

부모님께 용돈 두둑하게 드리고, 아이도 오랜만에 조부모와 좋은 추억 만들 기회도 주고, 부부가 오붓하게 여행을 다녀온 뒤 심기일전해서 더 좋은 부모 되기를 권장한다.

아홉, **아이들의 뇌를 행복하게 만들어 줘야 한다**

영재발굴단이란 TV프로그램을 보면 신기하기도 하지만 걱정스러울 때가 더 많다. 다른 아이들보다 특출한 능력을 보이는 아이들이 의외로 부모와의 관계에 어려움을 느끼고, 사랑을 갈구하기 위해 고통스러워하며 부모에게 잘 보이려고 하는 것을 종종 볼 수 있다. 아이들의 뇌가 행복해 보이지 않는다.

『괴물의 심연』이라는 책을 쓴 미국의 유명한 뇌과학자 제임스펠런(James Fallon)은 우연히 싸이코패스의 뇌 사진과 자신의 뇌 사진이 아주 유사한 것을 발견하고 조상의 계보를 추적한 결과 조상 중에 악명 높은 살인마가 여러 명 있다는 놀라운 사실을 알아냈다. 조상 중에는 미국의 첫 번째 모친 살인자를 필두로 7명의 살인마가 더 있었다. 그는 같은 뇌를 갖고 태어났는데 어떻게 조상들은 살인마가 되었고 자신은 유명한 과학자가 되었는가에 의문을 갖게 되었다. 그리고 연구 결과, 원인은 부모의 따뜻한 양육이라는 것을 알아낸다. 어린 시절 부모의 따뜻한 보살핌을 받지 못해 스트레스를 받거나 방임된 아이의 뇌는 크게 손상을 받는데, 크기가 작은 것은 물론 특히 분노 등의 감정을 조절하는 전두엽에 치명적이란 것이다.

최근에는 지나치게 많은 장난감과 영아기에 실시하는 문자 교육, 정형화된 특별 활동 등도 뇌 발달을 방해하는 환경이라고 주장하는 사람도 많다. 우리는 흔히 머리가 좋아진다는 교구나 약, 책 등에 현혹된다. 과학 저널리스트 신성욱은 뇌가 행복해지는 것에 주목하라고 한다. 내가 어릴 때는 아이큐가 120만 넘으면 굉장히 똑똑한 사람이었는데 지금은 최소 140은 넘어야 하는 것 같다. 아이큐가 높은 사람은 많아졌는데 지혜롭고 현명하며 따뜻한 사람은 많지 않으니 걱정이다.

머리가 좋아지는 방법으로 자주 등장하는 것이 씹는 것과 경어 쓰기다. 턱의 움직임이 뇌로 연결되어 발달이 촉진된다고 한다. 음식을 입에 넣고 씹지 않고 물고 있으면 안 되는 이유다. '-ㅂ니다'와 같은 한국어 경어도 뇌 발달에 도움이 된다고 하니 실천해 보기를 권한다.

"잘 먹겠습니다."
"잘 모르겠습니다."
"제가 하겠습니다."

좋은 생각을 많이 하고 좋은 것을 많이 보고 좋은 말을 많이 하면 뇌가 행복해지는 것 같다. 아이는 뇌가 행복해져야 인성이 좋은 사람으로 자란다.

먼저 아이와 수다를 많이 떨자. 골치 아픈 토론이나 대화가 아닌 그냥 수다를 떨며 특별한 주제도 없이 자유롭게 이야기를 하면 뇌가 행복해진단다. 맛있는 음식을 먹으며 친구와 수다 한 번 떨고 나면 한동안 스트레스가 풀리는 건 다 알고 있지 않은가?

다음은 걷기다. 많이 걷고 뛰어다니는 아이는 행복하다. 가끔 천천히 걷는 것도 마음을 편하게 해준다. 아이와 손을 잡고 동네를 한 바퀴 돌아다니는 것만 해도 아이는 몸도 마음도 훌쩍 자라고 뇌는 안정을 찾게 될 것이다.

마지막으로 지켜보는 것이다. 주위의 따뜻한 시선을 받고 자란 아이는 함부로 행동하지 않는다. 스스로 부끄러운 일이 어떤 것인지 무엇이 잘못된 것인지를 구별한다. 부모가 따뜻한 시선으로 지켜보며 재촉하지 않고 기다려 주는 것부터 시작해 보자.

따뜻한 말 한마디

절대로 물러설 것 같지 않던 더위도 모기 입이 비뚤어진다는 처서가 지나니 꼬리를 감추고, 아침저녁으로 선선한 바람이 걷기를 재촉한다.

처음 의도와 달리 이야기를 하다 보니 나이 든 사람이 젊은 부모들 흉만 본 것 같아 민망해지기는 하나 따뜻한 마음에 사랑을 담아 썼다는 것을 믿어 주길 바란다.

나 또한 평생 직장 생활하면서 아이를 키운 사람으로 누구보다 맞벌이 부모들의 애환을 이해하고 도와주려는 마음을 갖고 있는 사람이다. 손녀는 지금도 어린이집에 다니고, 며느리가 책에 쓴 것처럼 어린이집에 가서 진상짓을 하는지 안 하는지는 모르는 일이니 조심스럽지만, 아들 내외에게 이야기하듯 썼다는 것은 진심이다.

어제 오늘 온통 중학교 여학생의 폭력 사건으로 나라가 시끄러운데, TV화면에 비친 피투성이 사진은 경악을 넘어 공포심을 갖게 한다. 예전엔 아들을 키우면 폭력 사건에 휘말릴까 걱정했는데, 이제는 폭력에 살인까지 남녀평등 시대가 되었으니 아이를 낳아 키운다는 게 무섭기도 하겠다.

흔히 부모들은 내 아이가 왕따나 폭력의 피해자가 될 것을 두려워하지만, 내 아이도 언제나 가해자가 될 수 있다는 것을 명심해야 한다. 어릴 때 보이는 작은 폭력이나 거짓말, 막무가내 행동들이 도화선이 된다는 것을 잊지 말아야 한다. 바쁘다는 핑계로 지나쳤던 기본적인 생활 습관들이 얼마나 중요한지도 다시 생각해야 할 것이다.

부모는 아이가 우선 모국어를 배우고 기본적인 생활 습관을 익혀 문화 시민이 될 수 있도록 해야 한다. 이 과정에서 부모의 삶을 통해 자연스럽게 도덕심을 함양해야 한다고 생각한다.

전 세계가 한 울타리 안에서 돌아가는 크고 넓은 세상에서 살아갈 우리 아이들에게 부디 부모의 작은 욕심을 강요하지 않기를 소망한다.

2017년 겨울
도선어린이집에서

미운 부모 예쁜 아이

ⓒ 2018 김이주

2018년 01월 25일 초판 1쇄 발행

지은이 | 김이주
펴낸이 | 안우리
펴낸곳 | 스토리하우스

편 집 | 신효정
디자인 | 강명희 · 김지수
등 록 | 제324-2011-00035호
주 소 | 서울시 영등포구 영등포동 8가 56-2
전 화 | 02-2636-6272
이메일 | chinanstory@naver.com
ISBN | 979-11-85006-24-6 03370

값: 12,800원